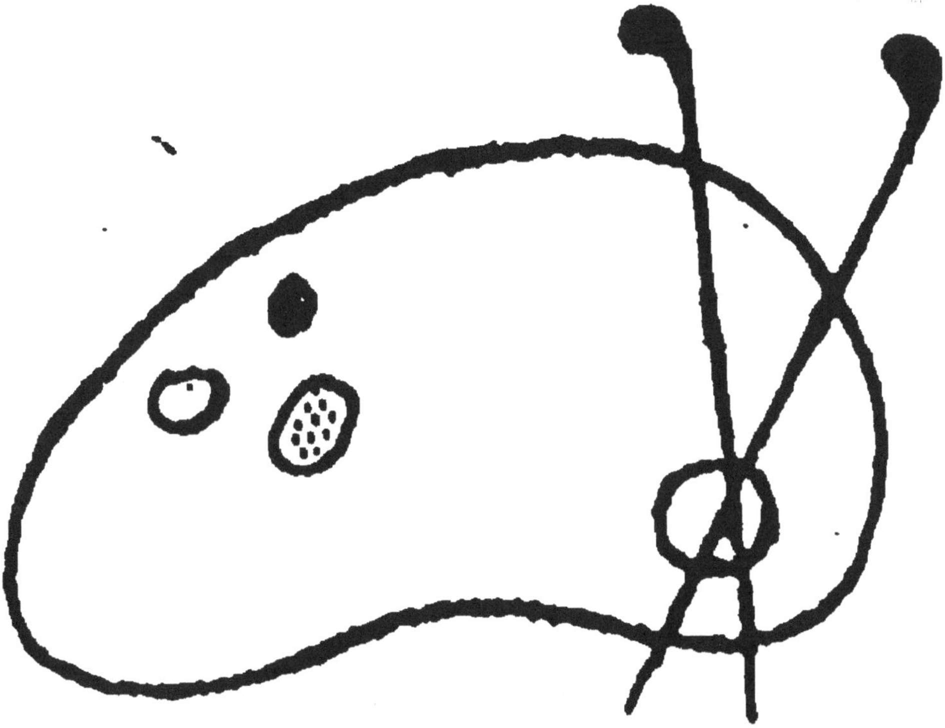

Début d'une série de documents
en couleur

COLLECTION SAINT-MICHEL

LE
TÉMOIN DU MEURTRE

PAR

RAOUL DE NAVERY.

3ᵉ ÉDITION

PARIS
G. TÉQUI, LIBRAIRE-ÉDITEUR
DE L'ŒUVRE DE SAINT-MICHEL
6, RUE DE MÉZIÈRES, 6.

1878

ŒUVRE DE SAINT-MICHEL

Le R. P. Félix, voyant combien est grand le mal produit par les mauvaises lectures, a fondé pour y remédier autant qu'il est en son pouvoir l'ŒUVRE DE SAINT-MICHEL, pour la publication des bons livres à bon marché.

Cette Œuvre, s'appuyant sur la charité, fait à ses associés (1), aux bibliothèques populaires et aux autres Œuvres qui s'adressent à elle, de fortes remises de faveur.

Les personnes qui désireront être toujours au courant des *nouveaux ouvrages* édités par l'ŒUVRE DE SAINT-MICHEL, ainsi que de ceux publiés par les Bonnes Librairies Catholiques, avec lesquelles la Librairie de Saint-Michel est en rapport, n'auront qu'à s'abonner à

L'INDICATEUR DES BONS LIVRES

Paraissant tous les mois.

PRIX DE L'ABONNEMENT, UN AN 3 fr.

S'adresser à M. TÉQUI, Libraire-Éditeur, rue de Mézières, 6, Paris.

Cette petite publication est utile à MM. les Directeurs des bibliothèques populaires, ainsi qu'à tous ceux qui sont chargés de l'ÉDUCATION DE LA JEUNESSE et qui n'ont pas le temps de lire les livres qu'ils doivent recommander.

---

(1) Pour être ASSOCIÉ, il suffit de faire chaque année en faveur de l'œuvre de SAINT-MICHEL, une offrande comprise entre les deux limites de 5 à 100 fr.

Paris. — Imprimerie Saint-Michel. — G. TÉQUI. — Apprentis de Saint-Nicolas. — 92, rue de Vaugirard.

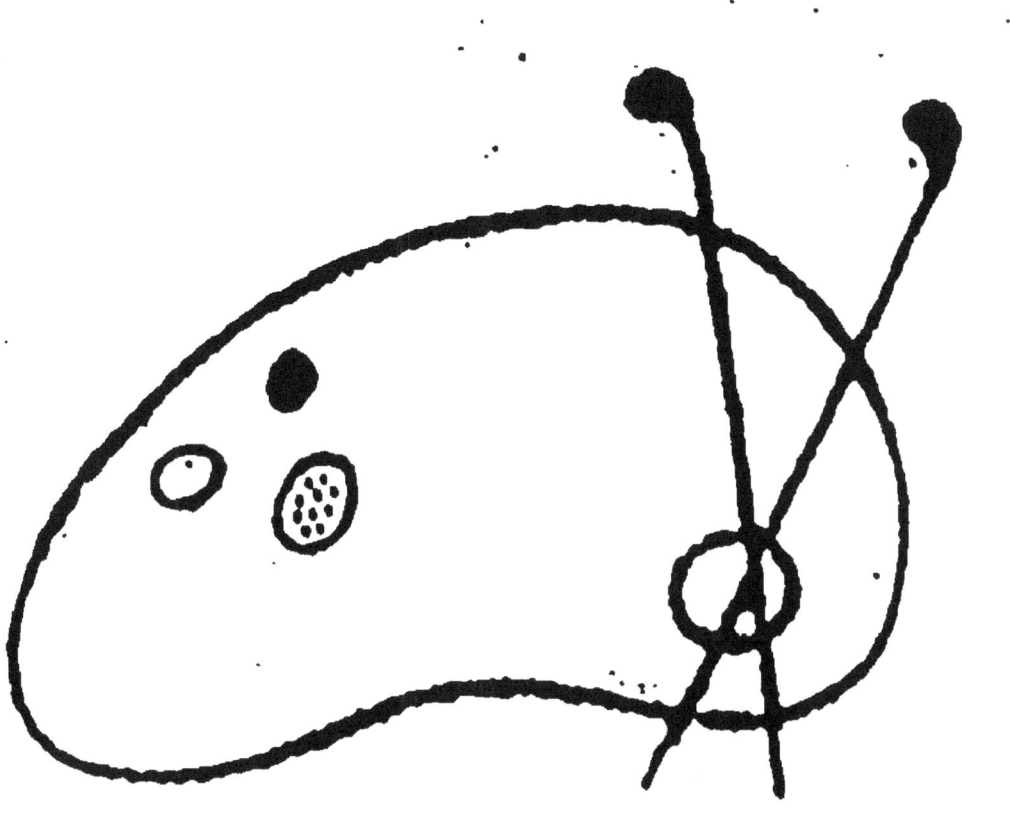

Fin d'une série de documents en couleur

LE TÉMOIN DU MEURTRE

Paris. — Imprimerie Saint-Michel. — Apprentis de Saint-Nicolas. — 92, rue de Vaugirard.

COLLECTION SAINT-MICHEL

LE TÉMOIN DU MEURTRE

PAR

 RAOUL DE NAVERY

DEUXIÈME ÉDITION

PARIS
G. TÉQUI, LIBRAIRE-ÉDITEUR
DE L'ŒUVRE DE SAINT-MICHEL
6, RUE DE MÉZIÈRES, 6.

1878

LE TÉMOIN DU MEURTRE

I

Deux hommes se tenaient assis près d'une haute cheminée. Sur l'établi qui les séparait s'entassaient des outils de formes diverses et des morceaux de bois naïvement sculptés. Bien que l'on fût déjà dans la seconde quinzaine d'avril, la soirée était fraîche, et les travailleurs jetaient de temps en temps dans l'âtre des copeaux de hêtre et des brassées de bois mort. Ils continuaient leur tâche en silence, le plus vieux terminait une paire de sabots, le plus jeune

gravait en creux les arabesques d'une boît
à sel, mêlant, avec un art inné, les oiseaux
et les fleurs dans un chiffre gothique. Parfois l'outil tombait des mains du jeune
homme; il regardait devant lui sans voir,
cherchant dans les cendres rouges et les
brindilles enflammées une image poursuivie. Quand le vieillard le surprenait
ainsi, il secouait la tête avec découragement; enfin, n'en pouvant plus, il posa sur
l'établi le sabot à demi creusé et demanda :

— Marcel, ne me confieras-tu jamais le
secret de ta peine?

— Mon père, répondit le jeune homme
d'une voix respectueuse et triste, mes
songeries ne vous intéresseraient guère.
Depuis mon enfance vous me voyez replié
en moi.

— Jamais, je le sais, tu n'as annoncé
de goût pour les divertissements bruyants
et les fêtes du pays; mais autrefois tu ne
semblais pas craindre de causer avec ton
père...

— Pouvez-vous croire !... s'écria Marcel.

— Eh bien ! reprit Claude Trézek, jure-moi que tu ne me caches pas un secret.

— Je ne saurais faire ce serment, répondit le jeune homme.

— Cela me suffit, Marcel, tu veux bien mentir, mais tu refuses au moins de te parjurer.

— Mon père !

— N'en parlons plus, la confiance te manque.

— Dites plutôt le courage.

— Il s'agit d'un malheur, n'est-ce pas ?

— Du malheur de toute ma vie.

— J'ai le droit d'en demander ma part... Parle, Marcel. S'il le fallait, je donnerais mon sang pour toi.

— Le dévouement et l'affection ne sont pas tout dans le monde. Beaucoup de gens estiment plus un sac d'écus qu'un grand cœur. Il me faudrait de l'or, au moins six mille livres, afin d'épouser Geneviève.

— Malheureux enfant ! tu aimes la belle et riche Geneviève !

— Oui, la riche et belle Geneviève. Est-ce ma faute si elle dépasse toutes les autres par sa grâce ! Je l'aime sans espérance. Le père Chérau est intéressé, il n'accordera la main de sa fille qu'à un gendre pouvant arrondir ses domaines.

— Cela est vrai, Chérau ne mariera point Geneviève au fils d'un pauvre homme vivant d'une maigre industrie. Mais ne peux-tu refouler dans ton cœur cette grande amitié, n'en peux-tu jamais guérir ?

— Le sergent Mitraille connaît les changements de temps à la douleur causée par ses vieilles blessures, et cependant combien d'années ont passé depuis qu'il reçut le coup de sabre dont il nous conte si souvent l'histoire ! Jamais sa blessure ne se cicatrisa complétement. Il en sera de même de moi, mon père. Tant que je vivrai j'aimerai Geneviève.

— Elle ne sait pas, au moins...

— Rien ! rien ! mon père. Je puis encore caresser l'illusion que son cœur comprendra le mien. Si je parlais et qu'elle me répondît par un refus, que deviendrais-je? Mais il me semble que nos cœurs se sont mystérieusement entendus. Quand je la regarde, elle me répond par un sourire. Le dimanche, elle semble attendre mon salut au sortir de l'église. L'an dernier, j'avais oublié de cueillir un rameau pour la fête des palmes, Geneviève s'en aperçut et me tendit en rougissant une branche de romarin. Ces riens-là sont tout pour moi, j'y songe sans cesse... Et pourtant, même si Geneviève m'aimait, quelle sérieuse espérance puis-je garder? Le père Chérau a refusé sa fille à Claude Cadet, à Blaise Langlois... à plus forte raison ne me voudrait-il pas pour gendre... Ah! je le sens, avec une pareille tendresse et un tel désespoir...

— Que feras-tu? demanda Claude Trézck.

— Je mourrai, dit Marcel d'une voix sombre.

— Toi ! un suicide !...

— Oui, mon père, j'y ai pensé...

— Ah ! c'est horrible ! s'écria Claude, mais tu ne songes donc pas à moi ? malheureux enfant ! Cette jeune fille te prend donc toute ta vie ? Quoi ! pour un regard, une feuille de romarin, un sourire, elle l'emportera sur le vieux Claude ! Oublies-tu que du jour de ta naissance jusqu'à celui-ci, je n'ai vécu que pour toi ? Quand ta mère est morte, ton berceau m'a seul donné le courage de vivre. A mesure que tu grandissais, je sentais mon cœur plus joyeux et plus fier. Je comptais trouver un ami dans le jeune homme; plus tard un soutien, dans l'homme viril. Je ne m'effrayais pas de voir venir à moi la vieillesse, connaissant ton amour du travail et ta piété filiale. Et voilà que d'un mot tu détruis mes plus chères espérances et tu me rejettes dans la solitude, non pas la solitude de l'ouvrier laborieux qui regarde grandir ses joies en même temps que son enfant, mais une solitude pénible, lourde, profonde, d'où personne ne me tirerait jamais. Marcel, je t'en conjure, rétracte cette parole; jure-moi de rester ici, jure-moi d'écarter cette horrible idée...

— Eh! le puis-je? Quand je passe devant le moulin de Rabot, j'avoue, à la honte de mes sentiments chrétiens, qu'il me prend envie de me jeter sous la roue pour être broyé par les palettes. Je souffre à mourir... je souffre l'enfer!

— Eh bien! dit le vieillard en se levant, je ne veux pas que tu souffres, je ne veux pas que tu meures. Je te le défends au nom de mon autorité paternelle...

— J'obéirai..., dit Marcel en baissant la tête.

— Mais, reprit Claude, comme je tiens avant tout au bonheur de mon fils, même au prix d'un sacrifice, presque au prix de mon honneur tu seras le mari de Geneviève.

— Moi ! mon père ?

— Combien Antoine exige-t-il de son gendre ?

— Six ou sept mille livres.

— Tu les auras.

— Mon père ! mon père bien-aimé ! tout à l'heure le chagrin me faisait divaguer ; mais à votre tour, la douleur vous égare... Six mille francs ! où les prendrez-vous, grand Dieu ?

— Qu'importe ! répondit Claude ; je t'ai dit que tu les aurais : tu les auras. Mon enfant, la vie est courte, même pour les jeunes gens ; une nuit d'insomnie est une triste chose ! Il est huit heures seulement, la ferme des Aubiers est à une demi-lieue, va tout de suite demander la main de Geneviève.

Marcel jeta la boîte sur la table, saisit son chapeau et allait ouvrir la porte, quand un subit élan le porta dans les bras de son père, qu'il étreignit avec force contre sa poitrine.

— Je suis payé! dit le vieillard.

Marcel sortit, et un instant après, le bruit de ses pas retentissait sur la route.

Au moment où il quittait la maison, deux hommes qui se tenaient assez près de la fenêtre pour avoir entendu la conversation des sabotiers, se dissimulèrent derrière un buisson de houx.

Quand le jeune homme fut un peu loin, le plus âgé des deux espions murmura :

— Je m'en doutais! maintenant j'en suis sûr!

— Et vous le laissez faire? demanda le second écouteur.

— Patience! patience! Il n'est point d'écheveau si bien emmêlé qui ne se débrouille. Pendant que ce jeune coq chante victoire, réglons nos comptes à l'amiable. A deux pas est le grand noyer que la foudre abattit cet hiver, nous y serons admirablement.

Les deux hommes firent quelques pas vers la gauche, et s'assirent sur un tronc d'arbre. De cet endroit ils pouvaient surveiller la route et la maison des Trézek.

— Je t'ai dit que nous parlerions de nos petites affaires, reprit Basile, le plus âgé des interlocuteurs, et tu dois trouver cela naturel. Ton mémoire s'allonge d'une façon démesurée; la vieille Janicote me gronde sur ma facilité à te faire crédit. Il y a, dans la grande salle, plus de douze ardoises portant tes chiffres et ta croix.

— Quant à de l'argent..., dit le plus jeune des deux hommes, vous savez que je n'en ai pas.

— On travaille pour en gagner, dit Basile.

— Quel misérable salaire reçoit-on pour des journées... et encore, je ne trouve pas toujours à m'employer.

— Mais en revanche, certains soirs de fêtes au village, on récolte de jolis bénéfices.

— Par-ci par-là un méchant écu pour garder du bétail ou aider un cabaretier.

— Sans compter, ajouta Basile lentement, que les hasards de la route sont grands... Un maquignon peut perdre sa bourse, un voiturier tomber de son siége... Si par rencontre un piéton relève le sac et ramasse le voiturier, le plus souvent il gobe une bonne aubaine.

— C'est rare! très-rare! dit Rufin.

— Les gens adroits ne saisissent pas seulement la chance ils lui aident...

— Que voulez-vous dire?

— Tu n'as jamais restitué à Magny l'argent qu'il perdit entre le bourg et Vitré; et Janet se trouva pauvre comme Job après que tu l'eus obligeamment replacé sur son siége.

— Vous croiriez...

— J'ai vu... dit Basile.

Rufin reprit d'un air qu'il s'efforça de rendre dégagé :

— Après tout, pourquoi Magny ne serre-t-il pas son argent dans sa ceinture, et pourquoi Janet dort-il au lieu de surveiller ses chevaux? Ce que je ne comprends pas, c'est que connaissant cette vieille pécadille, vous m'en parliez aujourd'hui pour la première fois.

Basile répondit d'une voix plus mordante :

— J'attendais l'occasion, et je voulais tenir l'homme.

La menace implicite renfermée dans cette phrase causa un frisson à Rufin.

Le silence régna un moment entre les deux complices. Basile semblait prendre plaisir à prolonger l'angoisse de Rufin. Il reprit au bout d'un instant :

— Je te l'ai dit, j'attendais l'occasion. Je ne fais rien comme un autre. Tu n'as ni maison ni rentes, et cependant je t'ouvre un gros crédit pour un pauvre cabaretier comme moi...

— Oh! pauvre! s'écria Rufin.

— Relativement... Eh bien! quoique à cette heure tu ne possèdes pas un rouge liard, je suis assuré que tu ne me feras pas banqueroute... Au besoin même, s'il le fallait, je te prêterais de l'argent...

— Vous avez quelque chose à me proposer? dit Rufin.

— C'est possible! Si je fais travailler, je sais payer la besogne... Tu es sans préjugés, et les gendarmes seuls t'inspirent une crainte salutaire. En outre, ta force est celle d'un colosse... Si j'avais tes bras et tes poings, je ne laisserais à personne le soin de mes vengeances, mais tu le sais, un enfant viendrait à bout de moi... Je suis rachitique et boiteux, ma tête peut combiner un plan, la vigueur me manque pour l'exécuter.

— Voulez-vous donc vous venger de quelqu'un?

— Je hais Marcel Trézek jusqu'à la mort... Jusqu'à la mort, entends-tu?

— Pourquoi?

— As-tu entendu ses confidences à son père?

— Sans doute.

— Il va demander Geneviève en mariage; eh bien! je ne veux pas qu'il épouse Geneviève, parce que cette Geneviève, je la veux pour femme.

— Vous?

— Oui, moi, borgne et bancal, je deviendrai le mari de cette belle fille! et pour cela il faut que Marcel disparaisse.

— C'est tout simplement un assassinat que vous me proposez? dit Rufin.

— Je ne crois pas à tes scrupules, répondit le boiteux, j'annulerai tes vieilles dettes, et je te compterai cent écus, à la condition que tu frapperas à l'heure que je marquerai... Après, tu quitteras le pays.

— Il me faut cinq cents francs, dit Rufin.

— Tu les auras, répondit Basile.

Les deux misérables restèrent un moment sans parler.

Au loin on distinguait une voix sonore chantant un air du pays.

Le voyageur soutenait sans doute son pas à l'aide de cette chanson, rhythmée pour la marche. Rufin et Basile virent bientôt paraître un homme portant un lourd paquet sur son dos. Il s'appuyait sur son bâton et chantait :

> Gais sont, sont, sont, les gars de Locminé
> Qui ont de la maillette dessous leurs souliers.
>   Mon père et ma mère
>   De Lyon ils sont,
>   Bon !
>   Ils sont en promesse
>   Qu'ils me marieront.
> Gais sont, sont, sont, les gars de Locminé
> Qui ont de la maillette dessous leurs souliers.

Quand le voyageur passa devant Rufin

et Basile, celui-ci fit un mouvement de surprise.

— C'est Louis le porte-balle... murmura-t-il.

Le marcheur se hâtait, et l'on entendit plus près :

> Ils sont en promesse
> Qu'ils me marieront,
> Bon !
> Mais s'ils ne le font
> Ils s'en repentiront !

En même temps qu'il scandait le refrain :

> Gais sont, sont, sont, les gars de Locminé,

le voyageur frappa à la porte des Trézek.

— Reprenons notre poste d'observation dit le boiteux...

Basile et Rufin gravirent un monticule de gravois et se trouvèrent à la hauteur d'une fenêtre. Ils pouvaient de la sorte tout voir et tout écouter.

En entendant la voix qui résonnait dans le chemin, Claude Trézek avait tressailli, et un bon sourire éclaira son visage. Quand on heurta à sa porte, il poussa un cri de joie, courut ouvrir, et tendit les deux mains au porte-balle.

Celui-ci les serra avec effusion.

— Ah! mon cher Louis, la bonne surprise! dit le sabotier en plaçant dans un coin le bâton du voyageur et en l'aidant à déboucler les courroies de son ballot. Je ne t'attendais guère avant la foire de Vitré; et Dieu sait si le temps me dure, entre tes visites! Tu vas bien? Et ta fille Douce, la bien nommée?

— Nous parlerons de ma fille tout à l'heure je ne vois pas Marcel.

— Il est aux Aubiers.

— Rien de nouveau dans ta maison?

— Si, du nouveau, beaucoup de nouveau, Louis.

— Tu me dis cela d'une façon triste.

— Tout à l'heure j'ai pleuré...

— Toi, Claude !

— Et Marcel est la cause de ce violent chagrin. Je ne lui en veux pas, à ce pauvre enfant ? Mais j'avais fait d'autres rêves. Quand nous nous sommes mariés, Louis, nous avons choisi, toi, la fille d'un fermier ruiné par la grêle et l'incendie, moi, une orpheline ne sachant à quel foyer s'asseoir, tandis que Marcel veut pour femme Geneviève Chérau.

— Allons, dit Louis, en frappant la bûche à coups de pincettes, les enfants dérangent toujours les projets des pères... Nos souhaits étaient plus sages, mon vieil ami... En voyant Douce si bonne et jolie, je pensais : « Ma rose de haie sera pour Marcel ; l'heure du repos arrive pour Claude et pour moi ; nous formerons bientôt une seule famille... » Douce me parlait souvent de Marcel ; un jour elle me demanda s'il n'avait point de fiancée ; elle gardait un vif souvenir de leurs rapides entrevues... Il y a deux jours, j'allai à la ville, je pris chez le notaire toutes mes économies, je les plaçai dans ma balle, et je suivis le chemin qui mène à ta maison... Je voulais te dire : « Demande à ton fils s'il veut devenir le mari de Douce... » C'est folie aux vieillards de bâtir des projets; les enfants soufflent dessus... et tout est dit.

— Ah! mon ami! s'écria le sabotier d'un accent douloureux, ce que tu rêvais, ce que Douce souhaitait du fond de son âme était tout mon désir... Le choix de Marcel me désole; non point que Geneviève ne soit honnête, mais le père Chérau est avare et nous sommes pauvres... Il faut au moins six mille francs de dot à Marcel... Jamais il ne saura quel prix je paierai son bonheur! car il aura cette somme avant les trois semaines des bannies... Tiens, tu vois ce cachet d'or avec ces armoiries : c'est le comte de Puymonroi qui me le donna, le jour où je sauvai sa vie au péril de la mienne. « A quelque époque

que ce soit, me dit-il, venez me demander ce que vous voudrez en m'apportant ce cachet, et j'essaierai de m'acquitter envers vous... » Pour avoir les six mille francs nécessaires à Marcel, j'irai mendier le prix de mon service et chercher la rançon du sang !

— Remets ce cachet dans l'armoire, dit le porte-balle, et ne va pas chez le comte de Paymonroi.

— Et le mariage de Marcel !

— Marcel épousera Geneviève.

Louis prit sa balle, fit jouer le ressort du double fond, et en tira un portefeuille.

— Je voulais, dit-il, te confier la dot de Douce, sept mille francs destinés à payer un coin de terre. Ma fille aimait ton fils ; je la connais, elle n'aimera plus personne. Si quelque chose peut adoucir son chagrin, c'est la pensée du bonheur de Marcel. Je puis encore travailler, je continuerai mes voyages, et je tâcherai d'oublier nos rêves.

— Brave cœur ! s'écria Claude, en te refusant, je verse des larmes de reconnaissance !

— Me refuser ? Je te le défends ! Accepte au nom de l'amitié qui nous lie. Ton fils est laborieux, Geneviève recevra une belle dot, les époux, devenus fermiers, réaliseront des économies, et avant trois ans ils m'auront remboursé.

— Mais Douce, ta fille ?

— Elle m'approuvera.

— Tu es le meilleur des hommes ! J'accepte.

Louis étala sur la table six billets de banque et y ajouta un rouleau d'or. Les deux amis se serrèrent silencieusement les mains.

Un moment après le porte-balle se leva.

— Je te quitte, dit-il, il faut que je sois à Vitré demain ; le temps est magnifique, je marcherai toute la nuit.

— Tu partirais si tôt... sans attendre Marcel...

— Je reviendrai dans deux jours, et cette fois je te demanderai l'hospitalité.

Louis passa les bras dans les courroies de sa balle et prit son bâton de cormier.

— Je veux au moins te faire la conduite, dit Claude. Nous irons ensemble jusqu'au Chêne à l'Image.

Claude et Louis sortirent, après que le sabotier eut enfermé les sept mille francs dans un bahut.

Quand ils furent éloignés d'une vingtaine de pas, le boiteux, qui n'avait rien perdu de cette scène, dit à Rufin :

— Suivons-les.

— Mais l'argent est ici... dit Rufin.

— Je n'en veux pas à ses écus, répondit Basile.

Comme les deux complices passaient devant la maison, le cabaretier vit briller quelque chose dans l'herbe. Il releva un outil à lame très-large, nommé *paroir*, le cacha dans la poche de sa veste et allongea le pas autant que lui permettait son infirmité.

Basile et Rufin s'en allaient sous les grands arbres. La lune brillait, radieuse, blanchissant la route, tandis que la forêt gardait ses ténèbres. Claude et Louis marchaient en causant; les deux misérables assoupissaient le bruit de leurs pas et les suivaient à une petite distance.

Bientôt à gauche, presque au milieu d'un champ, se dressa le Chêne à l'Image, ainsi nommé parce que son tronc évidé servait de niche à une statue de la Vierge.

Louis et Claude s'arrêtèrent.

Le colporteur désigna l'arbre, Claude embrassa son ami, et tous deux se séparèrent.

Le sabotier reprit le chemin de sa maison, tandis que le porte-balle continuait à marcher dans la direction de Vitré.

— Voilà le moment! dit le bancal à

Rufin ; ce n'est plus de Marcel qu'il faut me débarasser, mais de Louis.

— Il ne veut cependant pas épouser Geneviève.

— Je t'ai promis cinq cents francs pour tuer un homme ; celui-là ou un autre, que t'importe ?

— Je n'ai pas d'arme.

L'aubergiste tira le *paroir* de sa poche et le tendit à Rufin.

— Va ! dit-il, la route est déserte ; j'attendrai ici...

Rufin trembla, hésita, puis enfin il s'élança sur la route.

Louis recommençait la chanson des *Gars de Locminé*.

L'assassin marchait rapidement, quoique avec précaution. Il arriva près du colporteur avant que celui-ci se doutât qu'un autre voyageur suivait le même chemin. Avec une rapidité si grande que Louis n'eut pas même le temps de se défendre, Rufin saisit sa victime par le cou, l'étrangla à demi, et lui enfonça dans le dos jusqu'au manche la lame du *paroir*.

Louis étendit les bras, tenta de se retenir au vêtement du meurtrier, dont il déchira un lambeau, puis il tomba roide sur la route. Il eut pourtant encore la force de se soulever, et, la main étendue dans la direction du chêne, il murmura :

— La Vierge est témoin !

Rufin traversa de nouveau la route, et rejoignit l'aubergiste.

Le misérable tremblait.

— Eh bien, dit le bancal, qui t'a vu ? qui te dénoncera ? La route est solitaire. Cet homme n'est pas du pays ; l'arme qui t'a servi pour le tuer appartient à Trézék : alors...

— C'est lui qu'on accusera ?

— Probablement ; rentrons au cabaret, je te compterai tes cinq cents francs, tu quitteras le village et tout sera dit.

— Tout sera dit ! Tiens, je ne sais pas

superstitieux, et pourtant, avant d'expirer, le colporteur a prononcé un mot qui m'effraye : « La Vierge est témoin ! » m'a-t-il dit.

— Eh bien ! après ? Elle est de bois, cette figure, comme le chêne qui l'abrite !

— C'est égal, dit le meurtrier, j'ai peur... Marchons sur la route, j'ai horreur de l'ombre.

Rufin et Basile avaient depuis quelque temps regagné le cabaret, quand une vieille femme parut sur le chemin. Cette pauvresse, appelée dans le pays la Musaraigne, devait ce sobriquet à sa prédilection pour les endroits déserts et marécageux.

Les paysans l'accusaient de sorcellerie, affirmant qu'elle possédait le pouvoir de *mener les loups*, de jeter des sorts, de faire dépérir le bétail et maigrir le grain sur la paille. Elle objectait vainement que sa vie était une vie de misère, aggravée par l'hostilité de ses voisins, nul ne voulait ajouter foi à ses paroles. Ce qui était véridique, c'est que la Musaraigne cherchait dans les bois et proche des étangs, des herbes qu'elle laissait sécher aux solives de sa cabane, ou qu'elle pilait dans des mortiers pour en extraire le suc. Les malades des environs lui demandaient des remèdes. Musaraigne acceptait des paysans riches une rétribution modeste, mais elle refusait l'obole des pauvres et ajoutait même souvent une aumône au don de ses onguents et de ses tisanes.

Etait-ce à cause de ses longues rêveries, de ses courses perpétuelles dans des endroits déserts, de son habitude d'examiner le visage de ceux qui la consultaient, que la pauvresse en était arrivée à posséder une sorte de seconde vue ? Toujours est-il que plus d'une fois elle avait prédit des choses étrangères, fatales pour la plupart, et ces sinistres prophéties doublaient l'effroi qu'inspirait la vieille femme.

Redoutée du plus grand nombre, haïe

de quelques-uns, Musaraigne ne comptait peut-être d'autres amis dans le village que les Trézek. Quand ses sabots s'usaient, elle entrait dans la maison de Claude, s'asseyait sur la pierre au foyer, causait amicalement, puis choisissait une belle paire de sabots rouges durcis au feu, et reprenait sa place près de la cheminée, tandis que Claude clouait une large bride de cuir fauve sur la chaussure neuve de Musaraigne.

— Le bon Dieu vous soldera cette paire avec les autres, disait la pauvresse.

— C'est bon, c'est bon, la mère. Je ne vous ai point demandé combien je vous devais pour avoir coupé les fièvres à Marcel et soigné ma pauvre jeune femme.

La Musaraigne se retirait, faisant un geste comme pour bénir cette maison, et le sabotier l'entendait sur la route faire crier les cailloux sous ses sabots ferrés.

Le jour où commence ce récit, la Musaraigne, lassée d'une longue course, et se traînant avec peine sur le chemin, s'assit sur le revers d'un fossé. Elle se trouvait encore éloignée de sa maison d'une demie-lieue; devant elle, les portes s'étaient successivement fermées; son bissac vide pendait sur son épaule; la force lui manquait pour faire un pas de plus; la faim criait dans ses entrailles; en outre, elle se sentait troublée par des appréhensions funèbres. Un accès de fièvre la secouait et ses dents claquaient.

— Pour sûr, pensa la Musaraigne, il y a un malheur dans l'air.

Un instant après, Claude le sabotier parut au détour du chemin près duquel la pauvresse était tombée.

— Claude Trézek, dit Musaraigne, j'ai faim.

— Ma maison n'est pas loin, dit le sabotier, venez.

— Je n'entrerai pas ce soir dans votre demeure, Claude, je craindrais d'attirer sur elle la malechance.

— Je ne crois pas à vos pressentiments, Musaraigne.

— Et vous avez tort, Claude, vous avez tort; depuis une demi-heure environ, il me semble que je respire dans un air où il vient de se commettre un meurtre, l'odeur du sang me monte à la gorge et m'oppresse... Je veux voir votre visage en pleine lumière, et tenir votre main dans ma main... J'ai peur pour vous, Claude, j'ai peur pour vous.

Le sabotier prit une pièce d'argent dans sa poche.

— Voici pour demain, quant à ce soir, le chanteau de pain est dans la huche, suivez-moi, la mère; quoique vous voyiez pour moi un malheur dans l'avenir, je ne me suis jamais senti plus confiant et plus tranquille. J'ai même à vous annoncer une bonne nouvelle. Marcel épouse Geneviève Chérau.

— Vère! répondit Musaraigne, en secouant la tête, vous croyez cela, Claude...

Eh bien! quelque chose m'avertit que les noms des jeunes gens ne sont pas écrits au livre des mariages... Je regrette de marcher sur vos joies... Presque seul dans le pays vous m'avez protégée, aimée, secourue... Mon avertissement est triste; mais il y faut croire; je sens que vous serez frappés... Vous, Marcel, Geneviève et une autre fille pâle et triste qui habite loin d'ici..., si vous pouviez quitter Vitré et la Bretagne, et mettre la mer entre vous et la destinée, je vous conseillerais de fuir... Mais vous ne croyez point la pauvresse, et d'ailleurs le temps vous manquera d'ici-là.»

Merci de votre aumône, Claude, m'est avis que je n'irai pas même jusqu'à ma maison, et que mes pieds se roidiront.

Musaraigne se leva, prit son bâton et fit quelques pas.

Le sabotier, touché de l'état de souffrance de la vieille femme, la regarda se traîner sur le chemin avec un sentiment pénible, puis il passa la main sur son front pour en chasser les lugubres pensées que les paroles de la pauvresse y avaient fait naître.

Musaraigne poursuivit sa route dans la direction du *Chêne à l'Imaye.*

De loin, en travers, une barre sombre tranchait sur la blanche poussière du chemin, argentée par la lune. Musaraigne pensa qu'on avait abattu un arbre; mais à mesure qu'elle approchait de l'obstacle, un frémissement lui parcourait tout le corps, et la certitude qu'elle se heurterait à quelque chose d'épouvantable s'emparait de son esprit. Soudain, sa vue se troubla, ses pieds se fixèrent au sol, et courbée en deux elle regarda.

Le cadavre de Louis le colporteur était devant elle.

Le sang répandu à terre formait une flaque brune, dans laquelle glissèrent les sabots de la pauvresse.

— Je reconnais le mort..., oui, je le

reconnais, murmura Musaraigne; c'est Louis le porte-balle... Pauvre honnête homme! Quel trépas il est venu chercher ici!.... Je savais bien que je ne dormirais pas dans mon lit... Au jour, je préviendrai Maclou le garde-champêtre... Jusque-là je prierai pour le défunt, qui, plus d'une fois, m'a fait l'aumône... Qui pouvait haïr Louis?... Sa balle n'est point ouverte... C'est une vengeance.

Musaraigne s'accroupit sur le sol et cacha son front dans ses mains.

Elle chercha dans sa tête fatiguée le secret de l'énigme épouvantable qui lui était proposée. Mais elle ne trouva rien, et prit dans sa grande poche de toile le rosaire de bois qu'elle récitait en marchant le long des grandes routes; la justice chercherait le lendemain qui pouvait être le meurtrier; Musaraigne savait qu'une pauvre âme venait de paraître devant Dieu, et que cette âme, si honnête qu'elle fût, avait besoin de prières.

Pendant ce temps, Claude rentrait chez lui. Le feu brillait joyeusement dans la cheminée. Le sabotier s'assit, posa ses pieds sur la haute pierre de l'âtre et attendit Marcel.

Quand le jeune homme rentra, son front rayonnait.

— Mon père! s'écria-t-il, je vous dois le bonheur de ma vie, Geneviève sera ma femme... les noces se feront après la moisson.

II

Le soleil se levait radieux; les herbes frissonnaient sous la rosée, les branches exhalaient une fraîcheur résineuse. Les oiseaux volaient hors du nid; les insectes couraient à la maraude; parfois un lièvre bondissait dans la forêt, et dans le lointain les longs mugissements des bœufs saluaient la journée nouvelle. Le mouvement se répandait dans la campagne; le coq sonnait ses éclatantes fanfares, les chiens de bergers couraient alertes, et la cloche de la petite église tintait.

Sur la route poudreuse, Musaraigne priait, agenouillée près du cadavre du porte-balle.

Elle prit enfin un parti, se leva, et courut aussi vite que le lui permettaient ses vieilles jambes, jusqu'à la maison du garde champêtre.

Celui-ci n'aimait guère la pauvresse; volontiers il l'eût chassée, si les premiers mots qu'elle lui dit n'avaient fixé son attention. Quand elle nomma Louis le colporteur, il frappa sur la table un coup violent.

— On le croyait riche, dit-il, on l'aura volé.

— Je ne pense pas, répondit Musaraigne, la balle ne paraît pas en désordre.

— On dirait que vous flairez les cadavres... Enfin, il faut prévenir la gendarmerie; on avertira ensuite les magistrats. Où allez-vous maintenant?

— Au Chêne à l'Image, pour éloigner les corbeaux, à qui vous trouvez que je ressemble.

Le garde champêtre courut chez le maire; un exprès partit pour Vitré; en moins d'une heure, cent personnes se trouvèrent sur la route. L'indignation était grande. On aimait Louis et on l'estimait. Après une longue attente, on aperçut des chevaux et une voiture dans le lointain; les magistrats et les gendarmes arrivaient.

Le juge d'instruction, le procureur impérial et le commissaire de police descendirent; les gendarmes éloignèrent les curieux, et un procès-verbal fut dressé. Le médecin déclara que la mort avait été instantanée. Rien n'attestait la lutte, si ce n'est le lambeau d'étoffe que la victime tenait encore dans sa main crispée. Les magistrats regardèrent avec surprise l'arme qui avait servi à la perpétration du crime, et se demandèrent à quel usage habituel elle pouvait servir.

— Tiens, dit le cabaretier, on dirait un *paroir* à polir les sabots.

Le corps de Louis fut transporté à la mairie.

L'enquête commença.

Le garde champêtre, interrogé le premier, raconta qu'il avait appris le meurtre de la bouche de Musaraigne; celle-ci, mandée à son tour, s'approcha du magistrat avec une inquiétude visible. On la questionna sur l'emploi de sa journée, elle répondit qu'elle avait couru, de ci de là, cherchant sa pauvre vie, et qu'elle rentrait chez elle quand elle se heurta contre le cadavre.

— N'avez-vous rencontré personne sur la route? demanda le juge d'instruction.

— Si, répondit-elle; lasse, enfiévrée, épeurée de mes propres visions, je m'étais assise sur un fossé, quand un bruit de pas me fit tourner la tête. Claude Trézek passait; je l'appelai, il me donna de l'argent et m'offrit de me reposer chez lui. Je refusai, et je partis seule un moment après.

— De quel côté venait Claude?

— Il descendait la route de Vitré et regagnait sa demeure.

— Quel homme est ce Trézek? demanda le juge d'instruction.

— Un honnête sabotier, estimé de tout le village.

Le magistrat jeta un regard sur l'outil placé sur la table, et dit quelques mots au procureur impérial.

— Ne vîtes-vous personne autre! demanda le juge d'instruction en s'adressant à Musaraigne.

— Personne! Onze heures sonnaient quand un ivrogne quitta le cabaret de Basile. Il chantait une chanson à boire, tandis que je récitais le chapelet près du défunt.

Le cabaretier fut mandé.

Il salua les magistrats et les gendarmes avec obséquiosité.

— Vous gardez votre maison ouverte assez tard, maître Basile? Cette femme déclare qu'un homme en est sorti vers onze heures.

— Je prierai monsieur le magistrat

d'observer que le gros des buveurs était sorti ; un seul avait dû rester pour régler son compte.

— N'avez-vous reçu aucun individu suspect?

— Je n'ai vu que des métayers de l'endroit ou des charretiers connus. A la nuitée, je suis sorti un peu, histoire de prendre l'air; je suivais le bois et j'ai distingué sur la route deux promeneurs : Claude Trézek et un homme portant un paquet sur le dos.

— Pensez-vous que ce fût Louis?

— Je n'ai pu distinguer sa figure, car un grand chapeau la cachait en partie, et le poids de sa charge le forçait a courber l'échine ; Claude et son compagnon se sont arrêtés proche du Chêne; j'ai rebroussé chemin et suis rentré dans mon cabaret, où m'attendait le client qui est parti vers onze heures.

— Où demeure Trézek ? demanda le procureur impérial au garde champêtre.

— A dix minutes d'ici.

— Il est étrange que, seul peut-être, de tout le village, cet homme n'ait pas eu la curiosité de s'enquérir de ce qui se passe.

— La maison des Trézek est un peu distante de la route; si personne n'est allé le prévenir, il ne doit rien savoir encore. Il aimait grandement Louis et sera bien marri de sa mort, fit observer Maclou.

Les magistrats se consultèrent un moment, puis tous trois quittèrent la mairie et ordonnèrent au garde champêtre de les conduire chez le sabotier. Les gendarmes devaient suivre de loin, et empêcher la foule de cerner la maison des Trézek.

Le sabotier travaillait en chantant, quand sa porte, brusquement ouverte, livra passage au magistrat. Marcel et Claude se levèrent.

— Nous voulons vous parler à vous seul, Claude, dit le juge d'instruction.

— Soit, messieurs; laisse-nous, Marcel.

Le jeune homme allait sortir, quand il aperçut les gendarmes.

— Qu'est-il donc arrivé? s'écria-t-il.

— Un malheur, répondit le procureur impérial ; un malheur qui causera ici une vive peine.

— Parlez, monsieur, je vous en conjure, dit Claude.

Marcel sortit, sur un signe du juge.

— N'étiez-vous point l'ami de Louis le porte-balle? demanda le magistrat au sabotier.

— Si je le suis? Louis et moi nous nous connaissons depuis l'enfance. Ses voyages l'éloignent souvent et longtemps du pays, mais rien n'altère notre affection, et chacun de nous ferait pour l'autre les plus grands sacrifices.

— Quand l'avez-vous vu pour la dernière fois?

— Hier au soir. Il passa ici une heure environ, puis je l'accompagnai jusqu'au Chêne à l'Image.

— C'est bien cela, dit le juge d'instruction. Louis avait-il des ennemis?

Je ne le crois pas.

— Portait-il des valeurs dans sa balle?

— Je suis sûr qu'hier il n'avait pas d'argent.

Comment le savez-vous?

— Messieurs, dit Claude d'une voix troublée, quel est le but de toutes vos questions?... Vous avez parlé de malheur à Marcel... Veuillez m'expliquer...

— Louis, le porte-balle, a été assassiné hier soir, en face du Grand-Chêne!

— Assassiné! Louis!... Le Chêne à l'Image!... Mais on l'a donc frappé au moment où je le quittais... presque sous mes yeux?... et je n'ai rien vu! rien entendu!

La douleur qui bouleversait le visage de Claude était si profonde que le procureur impérial en fut presque ému.

— Racontez, dit-il, comment Louis est arrivé chez vous; rappelez-vous les moindres détails de cette soirée.

— Marcel et moi nous finissions la journée; nous causâmes longtemps, mon fils et moi... Puis Marcel partit pour la ferme de Aubiers; peu après, Louis frappait à ma porte. Quand il me quitta, il me dit qu'il suivrait pendant la nuit la route qui nous sépare de Vitré.

— Et voilà tout ce que vous pouvez révéler à la justice?

— Tout, messieurs.

— Claude Trézek, nous allons opérer une perquisition dans votre domicile.

— Une perquisition? Dans quelle vue?

— Nous souhaitons vous trouver innocent; mais des charges s'élèvent contre vous,... Remettez-nous la clef de ces meubles.

Claude fut saisi d'un tremblement violent. Il venait de se souvenir des sept mille francs que lui avait confiés Louis.

— Messieurs, dit-il, je vois que je vais être forcé de vous initier aux choses les plus intimes de ma famille. Je ne le croyais pas nécessaire d'abord, et je vous les taisais. A cette heure, certains détails pourraient m'excuser. Je vous ai dit que mon fils était sorti pour se rendre aux Aubiers... Il allait y demander la main de Geneviève Chérau. Quand Louis arriva chez moi, il me trouva tout songeur et voulut en savoir la raison. Je lui confiai que Marcel aimait une fille trop riche pour notre situation; qu'afin de ne point le pousser au désespoir, j'allais réclamer à M. de Puymonroi le prix d'un ancien service; mais que cela me répugnait fort. Cependant, placé entre mon orgueil et l'amour paternel, ma tendresse pour Marcel l'emportait. — « N'est-ce que cela? me dit Louis, alors j'ai trouvé le placement de mes économies. Voilà sept mille francs, marie ton fils, et pensez à moi dans votre bonheur. »

— Et vous acceptâtes cette somme?
— Oui, monsieur.
— Ainsi, cet argent?...

— Est encore dans ce tiroir, messieurs.
— Avez-vous donné un reçu à Louis?
— Non, monsieur.
— Cela n'est guère croyable; sept mille francs forment une grosse somme pour un colporteur.
— Nous nous estimions autant que nous nous aimions, monsieur le magistrat.

Le juge d'instruction remarqua sur l'établi, au milieu d'outils de formes variées, un *paroir* semblable à celui qui avait servi à assassiner le porte-balle... Il prit l'arme, encore ensanglantée, et la compara à l'outil dont Claude venait de faire usage.

— Ceci est à vous? demanda-t-il au sabotier.
— Oui, monsieur... quoique cette rouille... ces taches...
— Ces taches sont du sang, le sang de Louis, tué hier avec un outil qui vous appartient...
— Louis, assassiné... avec mon *paroir*... Oh! cela n'est pas possible!

— Cela est, reprit le juge d'instruction... Ecoutez, Claude, quand, à propos de Louis, on a prononcé votre nom, il n'y a eu qu'une voix sur votre compte pour louer l'honnêteté de votre caractère... Nous venions ici plutôt pour prendre des renseignements que pour chercher un coupable... Mais, à mesure que nous vous interrogeons, les faits se groupent d'une façon sinistre pour vous accuser... Louis vient chez vous, le soir; il porte avec lui une petite fortune, et vous affirmez qu'il vous l'a confiée, sans reçu, comme on prête un écu à un ami... Et cet homme a une fille qu'il dépossède de la sorte à votre profit... Vous avez parlé de l'amour de votre fils pour Geneviève Chérau... d'une dette de reconnaissance qu'aurait contractée envers vous le comte de Puymonroi, expliquez-vous à ce sujet.

Claude prit dans le bahut l'argent de Louis et le cachet de M. de Puymonroi avec quelques lettres jaunies.

— J'ai sauvé jadis le comte de Puymonroi d'une mort certaine ; je pouvais réclamer de lui le salut à mon tour ; il me suffisait de lui montrer ce cachet et les lettres qu'il voulut bien m'écrire jadis.

Le juge d'instruction parcourut les lettres du regard, et les passa au procureur impérial.

— Elles prouvent simplement que M. de Puymonroi vous estimait. Quand au cachet, vous lui attribuez une valeur de « Césame, ouvre-toi, » qui n'existe sans doute que dans votre imagination. Ce qui est certain, c'est que, privé de toute fortune, vous envoyez Marcel aux Aubiers, après lui avoir affirmer qu'il aurait 6,000 francs au moins avant quinze jours.

— Il les aurait eus, monsieur.

— Du comte de Puymonroi ?

— Sans aucun doute.

— Louis est arrivé et Louis vous a remis la somme ?

— Oui, monsieur.

— Claude, dit le magistrat, pesez bien la gravité de votre position, et comprenez que la franchise seule peut vous venir en aide... Réfléchissez, vous faites erreur sur la façon dont les choses se sont passées... Je vais vous raconter, moi, la scène d'hier telle qu'elle se présente à mon esprit. Après quelques moments d'entretien, Louis vous a parlé de la somme dont il était porteur... Il devait voyager la nuit, et peut-être il avait quelque crainte... Il vous a proposé de prendre en dépôt ces sept mille francs et de les garder jusqu'à son retour... Vous avez accepté, vous avez serré l'argent et donné à Louis un reçu en bonne forme... Je vois justement sur l'établi du papier et de l'encre... Vous êtes sortis ensemble... La solitude était complète autour de vous... Une mauvaise pensée traversa votre esprit... Elle vous conseillait de vous approprier la fortune de Louis... Un outil de votre métier se trouvait dans votre poche, et vous avez frappé rapidement, aveuglémont, pour reprendre le reçu constatant le dépôt.

— Je fais un rêve horrible! balbutia Claude.

— Au retour vous rencontrez Musaraigne; elle vous trouve une figure fatale. Elle raconte qu'elle ressentit une grande crainte et eut l'appréhension d'un malheur...

— Monsieur le juge d'instruction, demanda Claude, devenu pâle comme un mort, vous m'accusez de l'assassinat de Louis...

— Pouvez-vous justifier de la possession des 7,000 francs?

— J'ai dit la vérité à ce sujet.

— Pouvez-vous expliquer comment l'arme dont s'est servi le meurtrier est un outil qui vous appartient!

— Je ne le puis pas, monsieur... Il règne dans tout ceci un épouvantable mystère.

— Vous persistez à nier?

Si je nie? Mais par la tombe de ma mère et mon éternel salut, je jure que je suis innocent!

— Les questions que nous vous avons adressées et les réponses que vous y avez faites sont consignées dans ce procès-verbal... Signez au bas de cette page. Nous allons procéder à l'interrogatoire de votre fils.

On emmena Claude, et Marcel fut introduit.

Le jeune homme était fort troublé; la mort de Louis, cet appareil de justice, tout cela l'intimidait, l'oppressait, l'irritait. Il savait peu de chose. Ce qu'il raconta sur l'emploi de sa soirée corroborait les paroles de son père.

Il ignorait le prêt généreux du porte-balle.

— Il y a évidemment complicité, dit le juge d'instruction; on va confronter les prévenus avec le cadavre, si vous le voulez bien, mon cher collègue.

Un ordre fut donné au commissaire de police. Il fit un signe aux gendarmes, ceux-ci tirèrent des menottes de leur poche et s'approchèrent de Marcel.

— Ne me touchez pas! s'écria le jeune homme, ou sinon...

En ce moment Claude reparut et tendit à son fils ses mains enchaînées.

Marcel s'inclina devant le vieillard avec un tel respect qu'un murmure de pitié circula dans la foule.

Le lugubre cortége prit le chemin de la mairie.

Le cadavre roide de Louis était étendu sur une longue table; des taches violacées et quelques ecchymoses se remarquaient au cou. On avait à grand'peine retiré de la main du mort le lambeau d'étoffe rougeâtre qu'il tenait et qu'il avait arraché au vêtement du meurtrier dans une crispation d'agonie. Cette étoffe n'avait aucun rapport avec la veste de Claude et celle de Marcel. Claude, en approchant du cadavre de Louis, sentit les larmes monter à ses yeux, et d'une voix rauque de sanglots :

— Hier, dit-il, tu me sacrifiais sans regret toute ta fortune; ne peux-tu, à cette heure, défendre ton ami? On dit que jadis la plaie de la victime saignait devant l'assassin. Louis, si je fus coupable, que ton sang me marque au visage. Je suis innocent, proclame cette innocence.

— Mon ami, dit une voix douce, si le mort se tait, Dieu parlera...

Claude se retourna et reconnut le curé du village, l'abbé Rameau.

Marcel regarda le prêtre d'un air de supplication.

— Geneviève! dit-il.

Le curé baissa le front en signe de promesse.

— Claude, et vous, Marcel, dit le juge d'instruction, vous êtes prisonniers.

Les magistrats remontèrent en voiture; les deux Trézok marchèrent entre les gendarmes.

Comme ils passaient devant le cabaret de la *Pomme-Rouge*, Basile tendit un verre de vin à Claude.

— Prenez, dit-il, cela vous réconfortera.

Claude détourna la tête.

Le soir même, le père et le fils étaient écroués à la prison de Vitré.

———

III

Une jeune fille de dix-huit ans environ marchait allègrement sur le chemin conduisant de Fougères au bourg des Ormes. Le petit paquet qu'elle portait sur la tête donnait à son allure une sorte de cadence ; elle souriait aux objets qui frappaient sa vue, comme à d'anciens amis.

Le toit d'ardoises bleues de l'église étincelant sous les rayons du soleil lui arracha un cri de joie, quand elle reconnut le chaume couvert d'herbes folles et de joubarbes qui avait abrité son enfance, elle s'arrêta, moins pour reprendre haleine que pour laisser aux battements de son cœur le temps de se calmer. Puis elle se mit subitement à courir.

Elle touchait presque au seuil de la porte, quand une ombre se dressa entre elle et la maison.

— On n'entre pas dans les tombes, dit une voix sourde.

— Musaraigne ! s'écria la jeune fille.

— Ecoute, Madeleine, mon enfant, dit la pauvresse, tu ne saurais demeurer ici. Que viens-tu faire aux Ormes ? N'as-tu rencontré personne sur ta route ? Retourne à Vitré, Madeleine, retourne à Vitré.

— J'en suis partie hier soir, j'ai voyagé toute la nuit... Quel accueil vous me faites, Musaraigne !... Pourquoi semblez-vous m'interdire l'entrée de notre maison ?... Vous m'aimez, Musaraigne, et ma question vous fait pâlir... Il est arrivé malheur à mon père !

— Oui, un grand malheur !

— Parlez ! parlez ! vous me faites mourir à petit feu... Mon père est malade, blessé... Mais Marcel ? où est mon frère Marcel ?

— Madeleine, dit la vieille femme en forçant la jeune fille à s'asseoir sur le seuil abandonné, sois courageuse, et pleure sans désespérer. Le grand justicier n'a pas dit son dernier mot. Il faut que tu saches la vérité, oui, la vérité tout entière... L'autre nuit, on a tué un homme sur le chemin de Vitré ; cet homme sortait de chez ton père, à qui il laissait en dépôt une grosse somme d'argent... Eh bien ! on accuse ton père d'avoir assassiné Louis le porte-balle ?

— Le père de Douce ?... Lui !... lui !... assassiné !... et assassiné par mon père !...

— Ah ! dit Musaraigne, tu n'as point besoin de le défendre. L'innocence de Claude et de Marcel triomphera... Sois brave, rassemble ton énergie. Les deux prisonniers doivent être soutenus par ceux qui les aiment...

— Vous avez raison, les larmes sont

stériles, il faut des actes... Je repars pour Vitré.

— Pas encore, ma fille ; il te reste à remplir une tâche à laquelle ta jeunesse et ta bonté d'âme te rendent plus propre que moi... Je t'accompagnerai pendant le voyage, mais tu pénétreras seule dans une maison plus sinistre encore que la tienne, car l'hôte n'y rentrera jamais... Louis sera inhumé demain, et Douce doit conduire le deuil.

— Et vous voulez que j'aille...

Madeleine s'arrêta en frissonnant.

— Je veux que ta douleur se fonde dans la douleur de Douce ; je veux que tu tendes les bras à cette sœur de ton désespoir... Il me semble que Dieu exige de toi ce sacrifice.

Madeleine debout, les doigts enlacés, les bras tombants, regardait Musaraigne avec une sorte d'égarement.

Celle-ci saisit le poignet de la jeune fille en répétant :

— Viens chercher Douce, il le faut!

Le porte-balle habitait à six lieues des Ormes. Cette course n'effrayait point la pauvresse, mais elle songea que Madeleine avait marché toute la nuit, et elle craignait de la voir tomber de lassitude sur la route. Elle demandait un secours immédiat, quand elle distingua dans le sentier menant au bois, Rabot, le meunier, guidant son âne, en le flattant, plutôt qu'en le frappant, d'une légère houssine.

Musaraigne n'aimait guère le meunier; maintes fois elle lui avait refusé un onguent utile, une boisson salutaire.

Rabot ne trouvait pas plus de pitié dans le cœur de la vieille femme qu'il n'en ressentait lui-même pour les pauvres et les mendiants. Et Rabot se trouvait si tourmenté de douleurs cruelles, qu'il eût souvent donné la moitié d'un sac d'écus pour un des remèdes de la pauvresse.

Rabot se trouvait séparé des deux femmes par une haie. Musaraigne avança la tête et lui souhaita le bonjour.

— Et la santé? dit-elle.

— C'est méchant à vous d'en parler, Musaraigne, vous savez bien que je traîne la jambe.

— Vère, dit-elle, je sais cela ; je sais aussi que les moutons pourraient être pris du tournis, et que les vaches ne sont point fameuses laitières.

— Non-seulement vous le savez, mais vous pourriez l'empêcher... Je ne demande jamais un service gratis ; les sacs de blé ne manquent pas au moulin du père Rabot.

— Tenez, dit la vieille femme, il n'y a qu'un mot qui serve ; prêtez-moi votre âne pour deux journées, et je m'engage à vous donner ce qu'il faut pour frictionner votre jambe et soulager votre bétail.

— Mais j'ai besoin de Bricolle, objecta le meunier.

— Alors, je n'ai rien dit. Prenez-vous-en à vous, si vous souffrez.

Rabot hésita, puis tourna la haie et vint mettre la bride de l'âne dans la main de Musaraigne.

— Demain soir vous aurez ce qu'il vous faut, dit-elle. Maintenant, aidez-moi à placer ces sacs pour que Madeleine puisse commodément s'asseoir dessus.

Le meunier arrangea les sacs, noua les deux extrémités d'une corde de façon à former des étriers, arrangea Madeleine sur le dos de Bricolle, et remit la houssine à la vieille femme.

Un moment après, les deux voyageuses se dirigeaient vers le bourg de Closay.

La jeune fille, ployée en deux, gardait machinalement entre ses doigts la bride de Bricolle; Musaraigne respectait la douleur de l'enfant.

Madeleine était née la veille de la mort de sa mère.

Pendant ses premières années, Claude

et Marcel la gâtèrent avec une égale tendresse; mais, à mesure qu'elle grandit, Madeleine eut l'orgueil de travailler, et s'obstina à gagner, elle aussi, son pain de chaque jour. Quand elle eut seize ans, elle entra en service à Vitré, chez Mme Leguével, qui lui permettait trois fois par an d'aller passer huit jours aux Ormes. Mme Leguével était veuve d'un notaire de Vitré et mère d'un fils qui achevait son stage d'avocat.

A la Saint-Jean, à Pâques et à Noël, Madeleine accourait chez son père. Elle ramenait le mouvement et la joie dans la demeure du sabotier. On eût dit que tout réussissait mieux quand elle s'asseyait au coin du feu, sa quenouille au côté, ou dans les beaux jours quand elle entraînait Marcel dans les prairies. Jusqu'à cette heure la jeune fille avait connu le labeur sans les privations, et aucun chagrin n'avait troublé la sérénité de son âme. Le coup qui l'atteignait la frappait à l'improviste. Ce choc la broyait, la brisait, l'étourdissait. Elle ne voyait plus autour d'elle ni au-dedans d'elle-même. Pour réagir contre son désespoir, elle n'avait pas eu le temps de rassembler ses forces. Musaraigne lui disait : — « Viens ! » et elle marchait, écrasée par un immense désespoir.

Vers midi, les deux femmes traversèrent un village. Musaraigne aida silencieusement Madeleine à descendre près du portail d'une ferme ; elle força la jeune fille à boire une tasse de lait et à se reposer un peu.

Le jour baissait quand elles arrivèrent au terme de leur voyage ; de rares lumières brillaient comme des feux-follets à travers les arbres.

Musaraigne se fit indiquer la demeure du porte-balle. C'était une maison coquette pour le pays, couverte d'ardoises, blanchie à la chaux, encadrée de fleurs. Madeleine mit pied à terre ; Musaraigne lia Bricolle à l'anneau de fer scellé dans la muraille, puis heurta à la porte. Un mouvement se fit dans l'intérieur de la maison; la lumière bougea de place, et une voix argentine demanda le nom de ceux qui frappaient.

— Ouvrez, Douce, ma fille, répondit Musaraigne; ouvrez, c'est un visiteur de Dieu qui vient chez vous.

Douce tira le verrou rapidement.

Elevant ensuite son chandelier à la hauteur du visage de la vieille femme, elle la reconnut, et poussa un cri de surprise.

— Viens, Madeleine! dit Musaraigne en prenant la main de la jeune fille.

L'étonnement de Douce redoubla, mais cette fois elle ressentit un étonnement joyeux. Si Madeleine venait à Closay, c'est que Louis avait parlé, et que le mariage de Douce avec Marcel était chose convenue! Et Douce aimait si grandement Marcel au fond de son âme, qu'elle chérissait profondément celle qui allait devenir sa sœur.

Elle se jeta au cou de son amie et l'embrassa avec effusion.

— Parle, Madeleine, dis-moi quelles nouvelles tu m'apportes.

Cette question fit tressaillir la fille de Claude.

— Des nouvelles! murmura-t-elle, tu demandes des nouvelles?

— Sœur, je les demande, et cependant je les devine... Mon père a vu Marcel et Trézek, n'est-ce pas?

— Il les a vus, répéta machinalement Madeleine.

— Et je vais devenir l'heureuse femme de Marcel?

— Toi, toi, pauvre Douce! Ah! ce malheur me manquait. Tu aimes mon frère!

— Oui, je l'aime! dit bravement la fille de Louis.

— Vous êtes sœurs, et vous resterez sœurs, dit Musaraigne d'une voix sombre. Mais, Douce, tu n'as point regardé jusqu'au fond des yeux rougis de Madeleine.

Tu n'as pas senti trembler ses mains pendant que tu les pressais. Oui, vous êtes liées, liées par la honte et la douleur, par le désespoir et les larmes...

— Je ne comprends pas vos paroles, dit Douce, mais elles me glacent d'épouvante. Qu'est-il arrivé? Une douleur, une honte, une vengeance... Que signifient ces mots terribles? Mais, oui, Madeleine a pleuré... Elle pleure encore... Il est arrivé malheur à mon père...

— Pauvre orpheline! murmura la vieille femme.

Douce saisit le bras de Musaraigne.

— Oh non! pas la mort, dit-elle. Quoi! mon père ne serait plus? Dieu me l'aurait repris? Je ne le reverrais jamais... jamais?

— Nous sommes venues te chercher pour que tu puisses l'embrasser avant qu'on l'ensevelisse.

Douce tomba sur les genoux, suffoquée par les sanglots.

— Et ce n'est pas tout, poursuivit Musaraigne, qui croyait devoir faire vider d'un trait à la jeune fille la coupe de la douleur; ton père n'est pas tombé foudroyé par la maladie, il n'a pas été victime d'un accident fortuit; non, un assassin l'a frappé... Et sais-tu qui l'on accuse de ce meurtre! Marcel, le fiancé de ton cœur, et Claude Trézek.

— Marcel! s'écria Douce avec stupeur.

— Tu ne les crois pas coupables? demanda Madeleine.

— Eux! dit la fille de Louis, eux coupables! Non! non! Aurais-je choisi Marcel s'il eût été capable d'une lâcheté, d'un crime?

Musaraigne raconta tout, sans omettre un seul détail. Quand elle eut fini, Madeleine dit gravement :

— Il faudra les venger tous trois!

— Vous nous suivez? dit la pauvresse.

— Quand vous voudrez, répondit l'orpheline.

A l'aube, les trois femmes quittaient Closay.

Non loin des Ormes, elle rencontrèrent des groupes de paysans qui les saluèrent avec compassion. Dans le village, les travaux se trouvaient suspendus. Valets, laitières et fermiers causaient sur le seuil des portes, du drame sanglant accompli près du Chêne à l'Image. Musaraigne arrêta Bricolle près de la mairie; le nom de Douce circula dans la foule, et l'on s'écarta avec respect sur le passage de la jeune fille. Le cadavre de Louis était, comme la veille, étendu sur la table; un rideau rouge tiré devant la fenêtre jetait un reflet pourpre sur le visage du trépassé. Douce pria et pleura jusquà ce que le charpentier et le fossoyeur entrassent. On l'entraîna défaillante, pendant que l'on clouait la bière; mais elle retrouva assez d'énergie pour suivre jusqu'au cimetière le père qu'elle avait tant aimé. L'abbé Rameau lui adressa quelques paroles de consolation, et prononça le mot de miséricorde pour les coupables;

mais Douce se redressant répondit au prêtre :

— Je pleure comme une fille! Je ne pardonne pas comme une chrétienne! Je vengerai la victime, et j'appelle la vengeance du ciel sur le misérable assassin!

— Ma fille! ma fille! s'écria l'abbé Rameau, en regardant tour à tour l'orpheline et Madeleine Trézek.

— Je n'oublie ni ne me trompe, monsieur l'abbé!... Il y a ici un cadavre, deux femmes brisées de douleur, et loin, dans un cachot, deux hommes accusés de meurtre... Moi, héritière de la victime, j'atteste l'innocence de Claude et de Marcel!

Elle se leva; puis, appuyée sur Madeleine, elle sortit de la funèbre enceinte.

— Qu'allez-vous faire toutes deux? leur demanda Musaraigne.

— Moi, répondit Madeleine, je repars pour Vitré. Le fils de ma maîtresse est avocat, il défendra mon père et mon frère.

— Et vous Douce?

— Je vous demande l'hospitalité jusqu'au jour du procès.... D'ailleurs, vous savez l'avenir, vous! et vos conseils me guideront, m'éclaireront!

— Douce! Douce! je n'ai ni don de prophétie, ni don de miracle, mais je serai l'œil qui voit, l'oreille qui entend, le cœur qui aime...

— Nous allons nous quitter, dit Madeleine; je suis allée à vous la première, parce que la sœur de Marcel vous chérit, et que vous chérissez Marcel.

Et Madeleine, reprenant son paquet, partit seule pour Vitré.

Quand Madeleine arriva chez Mme Leguével, la veuve et son fils Antonin se tenaient dans la salle basse; ils causaient paisiblement et faisaient de modestes projets de bonheur, dans le cercle étroit de leur horizon.

Tout à coup, la porte de la salle s'ouvrit brusquement, et la jeune servante, couverte de poussière, les yeux rougis de larmes, le cœur plein de sanglots, vint tomber à genoux devant Mᵐᵉ Leguével.

— Sauvez-les! s'écria-t-elle au milieu de ses larmes; sauvez-les pour l'amour de Dieu!

— Madeleine, qu'avez-vous! Qui faut-il sauver?

— Vous ne savez pas encore, madame? On ne vous a rien appris, monsieur Antonin? Claude, mon brave père, et Marcel, mon honnête Marcel, sont accusés d'avoir assassiné Louis le porte-balle.

— Eux! dit Antonin Leguével; quoi, ces deux prisonniers.

— Oh! monsieur, ils sont innocents, je vous le jure! Sauvez-les! dites-moi que vous les sauverez!

— Je ferai tout mon possible pour cela, ma pauvre Madeleine; et je vais de ce pas m'assurer si le *secret* est levé. Demain, j'espère, vous pourrez les voir... Ne tremblez pas... Ne vous désespérez pas ! Ma mère vous aime; elle vous estime...

— Et je remets entre les mains l'honneur de ces braves gens, dit Mme Leguével à son fils.

— J'accepte de vous ma première cause ! dit le jeune homme, et je mettrai à la défendre tout mon zèle et tout mon cœur !

Le lendemain seulement, le jeune avocat put visiter les prisonniers.

Claude et Marcel restèrent trois jours au secret. De nouveaux interrogatoires étaient nécessaires; ils les subirent avec calme et présence d'esprit. Cependant Marcel paraissait plus accablé que son père. Le vieillard, éprouvé déjà par la vie, courbait la tête sous l'épreuve, comme le bœuf accoutumé au joug, tandis que Marcel, inhabitué à la douleur, se révoltait comme un jeune animal subitement entravé. Il tremblait que son malheur n'éloignât de lui Geneviève. L'aimait-elle assez pour l'avouer encore bravement comme son fiancé? A peine avait-il eu le temps d'interroger son cœur, avant la catastrophe qui briserait peut-être sa vie.

La jeune fille qui acceptait pour mari Marcel Trézek, le plus beau et le plus honnête garçon du pays, garderait-elle sa parole au prisonnier? Ne rougirait-elle point d'avoir éprouvé de l'amitié pour lui? Un acquittement laverait-il Trézek de la tache imprimée à sa réputation?

En songeant à cette femme, en se répétant que peut-être une erreur de la justice humaine ruinerait toute sa félicité en ce monde, Marcel éprouvait des accès de rage; il eût voulu mourir de son angoisse présente, pour échapper à des hontes nouvelles. Chose étrange, il n'espérait pas. Sa vie lui semblait à l'avance brisée et perdue. L'enchaînement bizarre des faits, l'apparence logique de l'accusation le pétrifiaient. Chacune des questions du juge d'instruction le torturait.

Après ses accès de colère, il tombait dans un horrible marasme. Encore s'il lui eût été possible d'écrire à Geneviève! Mais on le laissa trois jours au secret, et ensuite, sa position s'aggravant, il ne l'osa plus.

Le quatrième jour, on lui apprit qu'il serait réuni aux autres prisonniers, et qu'il pourrait voir son père. Claude gardait plus de courage. Son innocence le soutenait. On écrivit au comte de Puymonroi : mais dans cette triste affaire, tout semblait se liguer contre le sabotier et son fils. Une lettre du jeune comte Arthur de Puymonroi apprit aux magistrats que son père avait succombé à une attaque de goutte, il y avait un mois environ. Claude ne s'avoua pas encore que tout était perdu. Le juge d'instruction, criminaliste, comme le sont presque tous les magistrats, le pressait d'entrer dans la voie des aveux, lui promettant l'indulgence de la justice.

— Je n'en ai point besoin, répondit

Claude ; quel que soit l'arrêt de la cour, j'en appellerai au tribunal de Dieu.

Quand le père et le fils se revirent, après trois grands jours de séparation, ils se jetèrent dans les bras l'un de l'autre sans parler. Enfin, s'arrachant à cette étreinte, Claude dit à son fils :

— Comme tu es pâle, mon pauvre enfant.

— J'ai beaucoup souffert pour vous, moi ; et puis j'ai pensé aux femmes qui pleurent ; à Madeleine, à...

— A Geneviève, n'est-ce pas ?

— Ma sœur est de notre sang, elle nous croira, mais elle...

— Si elle te renie, c'est qu'elle ne te valait pas.

Une demi-heure après, le guichetier introduisait deux personnes auprès des prisonniers : Madeleine et Antonin Leguével. Le jeune avocat venait se mettre à la disposition des prévenus.

— A défaut de grand talent, leur dit-il,

acceptez un grand zèle et un dévouement d'ami. Cette affaire demande plus qu'un plaidoyer; elle exige une enquête. Je veux vous aider à démêler la trame dans laquelle vous semblez pris; croyez-le, personne ne vous portera jamais un intérêt plus sympathique et plus vrai.

— J'accepte et je vous remercie, monsieur, pour mon fils et pour moi.

— Et M. Antonin ne travaillera pas seul à vous faire rendre la liberté, mon père; trois femmes aussi se dévouent à votre cause.

— Toi, d'abord, dit Claude, en embrassant Madeleine, puis, Musaraigne, n'est-ce pas? l'autre...

— S'appelle Geneviève... dit Marcel avec ferveur.

— Je ne connais point Geneviève, répliqua Madeleine; j'ai voulu parler de la fille de...

Claude mit un doigt sur ses lèvres et murmura :

— Pauvre Douce, on ne lui sera pas même reconnaissant de son sacrifice.

— Chère! chère Geneviève! répétait Marcel, je savais bien qu'elle ne m'oublierait pas!

Afin de s'éclairer le plus possible sur cette mystérieuse affaire, Antonin Leguével résolut de partir pour les Ormes, de voir, d'interroger à son tour, et d'opposer, en quelque sorte, sa contre-enquête à l'enquête du tribunal.

Il descendit chez Basile, le cabaretier. Il le questionna sur les relations de Claude, et sur les ennemis qu'il pouvait avoir. Basile répondit avec une lenteur niaise, en évitant de conclure, semant le soupçon sans préciser de faits, et noircissant la réputation des Trézek avec une habileté doucereuse.

A la ferme de Chérau, Antonin ne trouva nul appui. Le fermier était furieux à l'idée que l'on prononcerait le nom de sa fille dans une audience, et que Geneviève serait appelée en témoignage. Il eût donné, disait-il, mille francs, et plus, pour que le nom de sa fille ne fût pas prononcé dans ce procès.

— Voyez-vous, monsieur l'avocat, disait-il, les jeunesses ne doivent point faire parler d'elles, ni en bien ni en mal. C'est un malheur, et un très-grand malheur, quand une fille se trouve mêlée à un événement pareil. Quand je songe que ma Geneviève sera forcée d'aller dire devant un tribunal qu'elle avait été demandée en mariage par Trézek! Il n'y a pas à dire, monsieur, le père et le fils sont déshonorés, un acquittement ne les laverait même pas, et personne ne voudra les admettre dans une honnête famille. Les juges de Rennes ne les croient pas innocents, puisqu'ils les feront passer aux assises!

— Quoi! demanda Antonin, si le jury acquitte Marcel, vous lui refuserez la main de votre fille ?

— Sans doute, et sans regret.

— Et Geneviève?

— La fillette se consolera, si tant est même qu'elle éprouve du chagrin.

Geneviève entra. Le fermier fit un signe à M. Leguével pour le prier de changer l'entretien, mais la jeune fille l'amena elle-même sur les prisonniers, et force fut à l'avocat de répondre à ses questions. Geneviève paraissait vivement préoccupée de l'idée de paraître aux assises; son père l'avait effrayée de l'appareil de la justice.

— Rassurez-vous, mademoiselle, dit Antonin, chacun se montrera pour vous plein d'égards, et ce n'est pas votre cœur qui battra le plus fort...

La jeune fille comprit le reproche et rougit.

Antonin ne prolongea pas sa visite à la ferme, l'égoïsme du bonhomme Chérau et la froideur de sa fille lui faisaient mal.

Dans la masure de Musaraigne, il se trouva plus à l'aise; il sentit que là deux braves cœurs se souvenaient des prisonniers. Le secret de Douce n'en fut bientôt plus un pour lui, et il porta un plus grand intérêt encore à l'orpheline en devinant l'humble héroïsme de sa tendresse. Quand Antonin raconta sa conversation avec Chérau, Musaraigne s'écria :

— C'est une lâcheté! une insigne lâcheté! Geneviève reniera Marcel à l'heure de sa passion... Pauvre garçon ! il versera toutes ses larmes pour cette créature, tandis que... Mais nous serons là, nous aussi, au tribunal, et nous le réconforterons!

M. Leguével put aux Ormes compter les amis que gardaient les Trézek, mais il ne s'éclaira point sur les faits.

Comme il allait partir, Douce lui remit un gros bouquet de fleurs sauvages.

— Ce sont mes honoraires, dit-il; merci, Douce, ce bouquet ne sera pas perdu.

Le soir même, le jeune homme se rendait à la prison, sa gerbe champêtre à la main.

— Vous avez vu Geneviève! s'écria Marcel, elle vous a remis ces fleurs pour moi?

Antonin laissa son illusion à Marcel, mais Claude ne la partagea pas, et cette fois encore il murmura :

— Chère Douce, pauvre martyre!

Le Palais de Justice de Rennes, autrefois palais du Parlement et des Etats, est digne de l'ancienne capitale du pays de Bretagne. Simple dans ses lignes, majestueux dans ses proportions, il offre à l'admiration des connaisseurs les peintures de Jean Jouvenet, plafond si remarquable qu'il valut à l'auteur du *Magnificat*, de la *Résurrection de Lazare* et du *Repas chez Simon*, une pension de 1,200 livres et la protection de Louis XIV. La façade du palais donne sur une place qui lui emprunte son nom. Elle se trouve aujourd'hui plutôt défigurée qu'embellie par de lourdes statues assises. La rue étranglée dont un côté du palais occupe la droite, mène à une sortie basse, voisine d'un couvent ruiné. Pendant les sessions, les curieux descendent le faubourg de Fougères, envahissent la rue et la place, afin de voir les prisonniers. Les assises qui venaient alors de s'ouvrir à Rennes, promettaient aux amateurs de ces lugubres premières représentations de drames poignants et réels, une suite d'émotions imprévues. Un mystère planait sur cette affaire, non pas seulement le mystère relatif à l'assassinat, mais un mystère douloureux et tendre. Le président, qui refusait le plus possible de donner des cartes pour ces solennelles séances, ne put s'empêcher de faire disposer des fauteuils pour les curieuses de la ville. Au jour marqué pour l'ouverture des débats, elles arrivèrent élégantes et jolies, sous leur parure matinale.

Les avocats prirent place à leurs bancs; les stagiaires entrèrent avec bruit; les curieux se massèrent derrière les places réservées. On s'entretenait de l'affaire avec animation.

A dix heures, l'huissier annonça d'une voix sonore :

— Messieurs, la cour !

Et un silence absolu succéda aux rumeurs confuses.

L'angoisse particulière à ce genre de spectacle commençait à remuer les poitrines. La curiosité malsaine de ceux qui vont au palais chercher des émotions dramatiques est toujours mêlée d'une sorte de honte et de remords. Les Romains assistant à un combat de gladiateurs ne poussaient pas plus loin la cruauté, car des deux côtés il s'agit d'une vie à défendre et d'une tête à jeter au bourreau.

Six gendarmes amenèrent Claude et Marcel.

Le sabotier regarda la cour et l'assemblée en homme qui mesure les forces de son adversaire. Il avait besoin de s'accoutumer à cette foule, de voir les jurés qui prononceraient sur son sort, les magistrats qui dirigeraient ces débats mortels. Marcel ne regarda rien, ne vit rien. Il tomba sur son banc et y demeura comme anéanti. Il ne sortit de sa torpeur qu'à la voix de Geneviève répondant à l'appel de son nom. Madeleine se tenait entre Douce et Musaraigne.

IV

L'acte d'accusation était terrible et ne semblait même pas souffrir de discussion. Claude l'entendit avec un grand calme, Marcel, avec une sourde irritation. Après avoir fait retirer les témoins, on procéda à l'interrogatoire des accusés.

Ils répétèrent ce qu'on savait déjà, et, sans fournir le moindre indice sur l'auteur ou les auteurs de l'assassinat, ils protestèrent de leur innocence. L'attitude de Claude était bien réellement celle d'un homme honnête, fort d'un passé sans tache. Marcel s'emportait et s'irritait. Quand on prononçait le nom de Geneviève, ses yeux brillaient d'un éclat farouche; il maudissait les juges, qui fouillaient jusqu'au fond de son âme devant la foule, pour la montrer palpitante et frappée à mort.

La déposition de Musaraigne excita une vive curiosité. Cette vieille femme, avec sa figure bizarre, sa voix grave aux intonations prophétiques, sa haute taille drapée d'une façon pittoresque, captiva complétement l'attention de son auditoire. Elle raconta comment elle avait rencontré Claude le soir du crime, l'offre qu'il lui avait faite de venir se reposer chez lui.

— Il était tranquille et souriant, dit-elle, tandis qu'en moi, je me sentais prise de peur... Sa voix était reposée et la mienne tremblait... Il m'invitait amicalement à souper et j'aurais voulu le voir loin, bien loin...

— N'étiez-vous point en ce moment, demanda le président, sous l'empire d'une de ces hallucinations auxquelles on vous dit sujette?

— Je n'ai fait ni pacte ni méchante action, dit Musaraigne. Je connais les plantes et j'ai lu plus d'une fois dans la main des hommes... Pour ce qui est de sentir en moi des avertissements, oui, j'en éprouve ; et ce soir-là, je fus frappée de l'idée d'un malheur prochain pour Trézek. Lui et son fils ont toujours été bons pour moi, j'aurais voulu les préserver, mais ma puissance ne va pas jusque-là ! Quand je repris le chemin de ma masure, mes pieds se heurtèrent contre le cadavre du porte-balle.

Après Musaraigne, on entendit Geneviève.

Elle s'avança rapidement, sans paraître trop intimidée. Elle affectait ne ne point regarder Marcel, qui levait sur elle des yeux mouillés de larmes.

Geneviève était ce jour-là plus belle que jamais. Sa riche toilette lui seyait à merveille ; son frais visage s'encadrait sous les doubles plis de sa coiffe garnie de dentelle. Elle laissait admirer sur sa nuque un épais chignon blond, dont l'extrémité repliée rejoignait en avant ses minces bandeaux.

Le président lui demanda quelques détails sur les fiançailles qui avaient eu lieu à la ferme, le jour même de l'assassinat de Louis.

— Jamais, dit-elle, jusqu'à ce jour le fils de Claude ne m'avait laissé supposer qu'il me souhaitait pour femme. Mon père est riche; les Trézek passaient pour être pauvres. Marcel jouissait d'une bonne réputation. Quand il affirma que le jour du contrat il apporterait six mille francs, mon père trouva le parti acceptable.

— Et vous, quelle était votre opinion sur le compte de ce jeune homme?

— Je répondis que je consentais au mariage.

— Rien de plus?

— Rien d'important du moins. Cette nouvelle me surprenait un peu; Marcel à la vérité ne me déplaisait pas, mais jamais je n'eusse la première songé à en faire mon mari.

Un sanglot s'échappa de la poitrine de Marcel.

— Sois homme! murmura Claude, on te regarde!

Mais Marcel ne songeait plus à la foule, à la justice, à la condamnation suspendue sur sa tête. Il savait maintenant qu'elle ne l'aimait pas, cette Geneviève idolâtrée, qu'en accueillant favorablement sa demande, elle obéissait à son père en fille bien élevée qui accepte le mari présenté par sa famille. Qu'importait désormais au jeune homme l'acquittement des jurés ou une terrible sentence ? Geneviève venait de le condamner à la pire des morts; les hommes ne gardaient même plus le pouvoir de le faire souffrir.

Basile répéta ce que l'on savait déjà. Il ne chargea pas les Trézek, et parut même peiné de leur disgrâce. Il lui répugnait de croire à leur culpabilité. Le jour du meurtre, quand Marcel passa devant son auberge, il lui parut fort animé, sans doute la joie lui tournait la tête ; et cette joie se comprenait aisément, puisqu'il devait épouser la plus jolie fille du pays. Basile parla longtemps, se complaisant dans sa faconde, étalant son éloquence de village. Il posait avec aplomb pour les jurés, la cour et la galerie. En se retirant, il salua tout le monde, et reprit au banc des témoins une place voisine de celle de Geneviève.

Nous avons dit qu'une des particularités de cette cause était le nombre des femmes qui y jouaient un rôle. Quand l'huissier appela Douce, un murmure de sympathie et de compassion courut dans l'assemblée.

La pauvre enfant s'avança tremblante, incertaine. Elle baissait les yeux à terre. Ses vêtements noirs ajoutaient une poésie nouvelle à son pâle visage ; en signe de deuil, elle cachait ses cheveux sous un bandeau de toile, et ressemblait moins à une artisane qu'à une novice.

La voix du président s'adoucit. La jeune fille répondit à toutes les questions d'une façon brève et claire. Mais quand on lui demanda si elle croyait possible que Louis eût déplacé, deux jours avant sa mort, les fonds qu'il possédait, et si elle savait pourquoi, elle répondit :

— Mon père avait un seul ami, Claude Trézek. Pendant ma première enfance, j'ai grandi à côté de Marcel. Las de ses voyages, mon père songeait à tirer parti de ses économies ; l'idée lui vint d'acheter une petite ferme aux Ormes, ce voisinage eût resserré nos liens avec la famille Trézek. Mon père m'annonça qu'il prendrait son argent chez le notaire, le confierait à Claude, et reviendrait me chercher après la foire de Vitré.

— Votre père avait, dites-vous, le désir d'acquérir un petit bien aux Ormes, et voilà que sur un mot de Claude, il sacrifie tout, renonce à l'espoir de se reposer, à la facilité de vous établir et remet à son ami sa modeste fortune; ceci paraît illogique.

Douce garda le silence un moment. Sans doute ce qu'elle allait dire lui coûtait; une flamme rose passa subitement sur son visage; et, tenant ses yeux à terre, elle répondit :

— Quand mon père donna les sept mille francs à Claude, il fit bien... Mon père connaissait toutes mes pensées, il savait que si Marcel épousait Geneviève, nous n'avions plus besoin d'habiter les Ormes... et que je ne tarderais pas à entrer au couvent.

Quand Douce prononça ces mots avec une émotion virginale, un frémissement courut dans l'auditoire.

Douce, révélant son amour dans une pareille circonstance, devenait véritablement héroïque. Il était noble et digne d'apprendre à tous sa secrète préférence pour le malheureux jeune homme, et de le défendre au nom de ce même amour.

Claude tremblait d'attendrissement, et Marcel, dont le cœur venait d'être impitoyablement broyé, ne put s'empêcher de murmurer :

— Sainte fille !

Quand Douce regagna sa place, Madeleine l'entoura de ses bras.

— Sœur ! sœur ! dit-elle, pourquoi ne t'a-t-il point choisie ?

— On ne choisit pas pour l'aimer celle qui nous aime..., répondit l'orpheline.

La liste des témoins étant épuisée, la parole était à l'avocat général.

Il raconta les détails de ce crime auquel rien ne manquait, ni le fantastique et presque légendaire personnage de Musaraigne, ni l'intérêt qui s'attache à une pauvre fille placée entre la douleur d'avoir perdu son père et la terreur d'accuser ses meilleurs amis.

— Mais, messieurs, poursuivit-il, si quelquefois le crime se trouve entouré de circonstances préparées à souhait pour le romancier et le dramaturge, il n'en est que plus obligatoire pour la justice de le dépouiller de tout intérêt étranger et de le montrer dans sa nudité hideuse. Il ne s'agit pas ici d'un forfait ordinaire, d'un homme assassinant un autre homme sur une grande route pour le voler. Le meurtrier est l'ami de la victime, il est son obligé. C'est pour se soustraire à l'obligation de restituer plus tard une somme généreusement prêtée, que l'accusé immola lâchement Louis le porte-balle. Et quel homme était-ce que cette victime? Les débats vous l'ont appris. Louis était la probité, l'honneur même. Il vendait sans âpreté, économisait sans avarice. Tout à l'heure, messieurs, et j'en suis encore profondément ému, sa fille est venue lever les derniers voiles du cœur de son père et du sien. Le colporteur rêvait d'unir Douce à Marcel. Il arrive aux Ormes, trouve son ami soucieux, le questionne, apprend que son fils veut épouser une riche héritière, et, sans réfléchir, sachant que sa généreuse fille l'approuverait, il remet à Claude la dot de Douce afin que Marcel soit heureux. Mais à peine Claude a-t-il palpé cette somme que le démon de l'argent s'empare de lui, comme il s'était jadis saisi de Judas. Il rêve de s'approprier complétement les sept mille francs qu'on lui confie. Louis le quitte, Claude offre de le reconduire; sur l'établi se trouvaient ses outils de sabotier, il en prend un au hasard et sort. Pendant le trajet, les deux hommes parlent sans doute amicalement, ils vont se séparer; Claude serre dans sa main l'instrument mortel... Louis tombe, Louis expire, étendant les bras vers la Vierge au Chêne...

L'avocat général établit ensuite la complicité de Marcel. Bien qu'on ne pût prouver qu'il eût aidé à perpétrer le crime, on devait croire que sa visite aux Aubiers servait à lui ménager un alibi. Il termina son réquisitoire d'une façon violente :

— Soyons sans pitié pour ces deux misérables, dit-il, comme ils ont été sans pitié pour le porte-balle ! Montrez-vous justes jusqu'à la sévérité. N'oubliez pas, messieurs, que les adversaires de la peine de mort sont en quelque sorte responsables des crimes des récidivistes !

En ce moment, on emporta Madeleine évanouie.

L'audience se trouva un moment suspendue.

Les conversations s'engagèrent.

En général, on jugeait le réquisitoire admirable.

Lorsque Antonin Leguével prit la parole, sa profonde émotion le servit mieux qu'un talent consommé. Il enleva son auditoire, sans chercher à le séduire. Le point sur lequel il s'appuya davantage dans sa défense fut un détail négligé par l'instruction, et qui, selon lui, devait renfermer tout le secret de cette cause. On n'a pas oublié qu'un lambeau d'étoffe rougeâtre avait été trouvé dans la main crispée du porte-balle. Ce lambeau arraché au vêtement de l'assassin indiquait assez que la justice s'égarait dans son accusation. Le meurtrier avait disparu. Il avait assassiné le colporteur pour le voler. Déçu dans son attente, puisque Louis venait de se dépouiller en faveur de Claude, ne trouvant rien dans les poches ni dans la ceinture de sa victime, il avait disparu sans laisser trace de son passage dans le pays. Le *paroir* qui avait servi à commettre le meurtre avait été volé aux Trézek ou fortuitement trouvé. Enfin Antonin lutta pied à pied contre l'accusation, tenta de l'anéantir, en appela à la justice divine, comme à la pitié des hommes, et, au nom de toute la vie honorable des Trézek, demanda leur double acquittement.

Quand il eut fini, Claude lui prit les mains :

— Vous avez bravement parlé, monsieur, lui dit-il.

— Espérez, répondit l'avocat.

— Oui, monsieur, j'espérerais si les jurés prononçaient maintenant leur verdict; mais le président va parler et refroidira l'émotion que vous avez fait naître.

Antonin soupira. Il sentait que Claude raisonnait juste. En effet, la parole calme et méthodique du président tomba comme une pluie glacée; le résumé des débats renouvela le réquisitoire. Antonin jeta sur Claude un regard navré. Il le vit aussi tranquille qu'à l'ouverture de la séance.

Marcel, gagné par cette résignation ou écrasé par la fatigue, avait la même attitude.

Le jury se retira pour délibérer.

On emmena Claude et Marcel.

Encore une fois l'angoisse s'empara de la foule, une angoisse terrible, cruelle. La délibération se prolongeait.

Après une heure et demie, le jury rentra. Le président paraissait vivement impressionné, et ce fut d'une voix étouffée qu'il lut une déclaration par laquelle Claude et Marcel Trézek étaient reconnus coupables, avec admission de circonstances atténuantes.

Les accusés entendirent prononcer contre eux la peine des travaux forcés à perpétuité.

On leur demanda s'ils objectaient quelque chose contre l'application de la peine. Ils répondirent : « Non », d'une voix accablée.

Madeleine fendit la foule et se jeta dans les bras de son père. Douce s'avança lentement jusqu'à la table sur laquelle se trouvaient l'instrument du meurtre et les autres pièces à conviction.

— Messieurs, dit-elle, cet outil sanglant et ce lambeau d'étoffe font partie de l'héritage de l'orpheline, me les refuserez-vous?

— Non, mon enfant, répondit le président; mais à quoi vous serviront-ils?

— Peut-être à découvrir le véritable meurtrier, répondit Douce.

Et, du même pas rigide, la jeune fille descendit et regagna sa place. Mais quand elle vit les gendarmes saisir les Trézek pour les emmener, sa force faiblit, et, s'agenouillant devant Claude :

— Bénissez-moi, dit-elle.

— Va, ma fille, en paix avec Dieu et avec ta conscience !

— Adieu ! Douce ! dit Marcel d'une voix lente.

Antonin rejoignit les Trézek à la prison.

— Mes amis, dit-il, l'épreuve est horrible ; gardez bon courage, je ne vous abandonnerai pas. Puis-je par quelque chose alléger votre chagrin ?

— Monsieur, répondit Claude, nous sommes innocents, obtenez qu'on ne nous envoie pas à Cayenne, cet exil-là serait la mort, et la vérité se fera un jour pour nous.

V

Douce suivit Musaraigne au village des Ormes. On nomma un tuteur à l'orpheline, et l'avocat des Trézek accepta cette charge paternelle. Les membres du jury, le soir même de la condamnation des Trézek, signèrent une pétition demandant le séjour de Brest pour ces malheureux. Cette prière fut exaucée. Antonin s'occupa de la fortune de Douce. Cette fortune était modeste : la maison de Closay, les sept mille francs remis à Claude et quelques marchandises.

A peine l'orpheline se fut-elle installée dans la chaumière de Musaraigne, qu'elle

commença à exécuter un plan discuté avec
M. Leguével. La maisonnette de la vieille
femme, cachée dans un pli de terrain,
s'apercevait à peine de la grande route.
Le toit de paille se confondait avec les
genêts, et les branches de deux vieux
noyers dissimulaient les murailles. Entre
cette demeure peu solide, mal close, qui
abritait la pauvresse depuis tant d'années,
et le *Chêne à l'Image*, on ne comptait guère
plus de deux kilomètres. Ce voisinage
parut convenir à la jeune fille. Le chêne
des Ormes est un de ces géants végétaux
qui ont leur place au milieu des arbres
types. Le châtaignier de Neucelles, celui
de l'Etna, les platanes de Smyrne et de
Cos, l'if de la Motte-Feuilly, l'orme de Bri-
gnolles, l'érable de Trons sont connus des
voyageurs. Le chêne des Ormes méritait
une égale célébrité. Quelle date assigner à
sa naissance? Les vieillards assuraient que,
du temps de leur grand-père, le chêne était
déjà le sujet de mainte légende. Les siècles

avaient passé sur son front sans lui ôter sa couronne renaissante; le tronc s'écroulait comme un monument miné par sa base. L'écorce seule soutenait les branches et le feuillage. Le propriétaire de l'arbre entretenait une sorte de charpente dans l'intérieur, afin de conserver longtemps encore cette merveille du pays. Depuis deux cents ans, au moins, la piété changeait l'arbre séculaire en chapelle. Une niche énorme abritait une statue de la Vierge. Cette statue naïvement sculptée respirait une grâce incomparable.

Le lendemain de son installation dans la chaumière de Musaraigne, Douce dit à son hôtesse :

— Je voudrais acheter le Chêne à l'Image.

— Et pour quelle raison, ma fille?

— Je souhaite posséder le coin de terre où mon père fut frappé à mort.

— Cela est impossible, pauvre Douce; le propriétaire de cet arbre est riche et vaniteux. C'est Rabot le meunier, il ne le céderait à aucun prix.

— J'irai lui parler.

— Garde-t'en bien ! Si tu veux réussir, il faut attendre l'occasion.

— Attendre! dit Douce, attendre quand mes amis comptent les heures, les minutes pour obtenir justice et consolation.

— Si les hommes agissent lentement répondit gravement Musaraigne, Dieu ne saurait les abandonner, car tous deux sont d'honnêtes gens et de bons chrétiens.

— Est-ce que la douleur ne conduit pas au désespoir, Musaraigne?

— Jamais quand on regarde la croix, ma fille!

— Vous parlez de patience, d'occasion... Si Rabot tient au chêne à l'Image, sur quel incident comptez-vous pour le décider à le vendre ?

— Rabot est souvent malade...

— Et bien ?

— Quand la fièvre le mine, que de

cruelles douleurs l'assaillent, il m'a plus d'une fois envoyé chercher inutilement.

— Et à l'avenir? demanda Douce.

— J'irai, ma fille, répondit Musaraigne.

Comme la vieille femme achevait ces paroles, elle aperçut un enfant courant à toutes jambes.

— Tiens, dit-elle, voilà Cri-Cri, c'est Dieu qui l'envoie.

L'enfant essoufflé s'arrêta devant la pauvresse, la saluant avec un respect superstitieux, et regardant Douce pour se donner du courage :

— C'est pour vous dire en vous disant, commença-t-il, que Rabot ne bouge pas plus que l'aile de son moulin quand il ne fait point de vent. Si c'était un effet de votre bonté de le venir voir.

— Le moulin n'est pas à ma porte, répondit Musaraigne, et je n'ai plus mes jambes de quinze ans.

— Bricolle est dans le pré, objecta Cri-Cri.

— C'est égal, mon garçon, dis à Rabot qu'il est assez riche pour mander un médecin; je garde la clientèle des besoigneux.

— Rabot me battra, en m'accusant d'avoir mal fait sa commission.

— Allons, viens, garçonnet! dit Musaraigne; je ne veux pas qu'on te tourmente à cause de moi.

La vieille femme s'éloigna avec Cri-Cri.

Une demi-heure après, Musaraigne arrivait au moulin. Rabot, étendu sur son lit, poussait des cris inarticulés, mêlés de blasphèmes.

— Elle ne viendra pas! murmurait-il; cette cousine du diable me laissera mourir de douleur et de rage. Ah! le feu de l'enfer ne doit pas consumer les damnés d'une façon plus terrible que ces souffrances me dévorent.

Le bruit des sabots de Cri-Cri résonna dans la cour.

Musaraigne parut, s'approcha du lit, et

considéra le malade avec une commisération railleuse.

— Je souffre! oh! je souffre! répéta le meunier.

— Je le vois, Rabot, la flamme coule dans vos veines, les nerfs se crispent, la tête brûle...

— Oui, c'est cela, Musaraigne; guérissez-moi, et je vous compte cent écus.

— Il ne me faut pas d'argent; j'exige seulement que vous me vendiez le pré de la Mare.

— Y songez-vous? Dans le pré de la Mare se trouve le Chêne à l'Image; à aucun prix je ne le céderai. Le curé, l'abbé Rameau, a déjà voulu me l'acheter, afin d'en faire un lieu de pèlerinage, et j'ai refusé.

— N'en parlons plus! dit Musaraigne, en s'éloignant du lit du malade. Adieu! Meilleure santé je vous souhaite.

— Vous me quittez! s'écria le meunier; vous me quittez sans me donner de soulagement?

— Puisque nous ne pouvons nous entendre...

— Musaraigne, vous pouvez me guérir, car Martin se trouvait dans un état plus grave que le mien, et il est tiré d'affaire.

Musaraigne secoua la tête.

— Voyez-vous, dit-elle, il y a mal et mal, remède et remède... Quand j'approchai du lit de Martin, je sentis en moi que je pouvais le guérir; il avait confiance, et moi bonne volonté. Je voulus vaincre sa maladie, et j'en vins à bout. Martin est un homme doux et bon, amitieux pour moi... Vous, Rabot, vous me détestez, je le sens, au fond de votre âme, et ne venez à moi que par nécessité ; or, si le malade n'a ni confiance ni amitié pour le médecin, la cure est mauvaise.

— Je vous offre cent écus, répéta Rabot.

— J'accepte mieux un service qu'un salaire.

Musaraigne leva le loquet de la porte.

Rabot poussa un gémissement.

La pauvresse sortit avec lenteur et traversa la cour. Le meunier se tordait sur son lit, la sueur coulait de son front, ses os craquaient aux jointures.

— Rien à espérer, dit Rabot; elle me laisserait mourir comme un chien... mais vendre le chêne!

Une crise terrible lui fit pousser un hurlement de douleur, et, vaincu par la souffrance, il dit à Cri-Cri :

— Cours après Musaraigne, et ramène-la.

L'enfant rejoignit la pauvresse.

— Rabot vous prie de revenir, dit-il.

Quand Musaraigne se trouva près du meunier, elle lui demanda s'il pouvait écrire.

— Je ne crois pas! répondit le malade.

— Alors, pourquoi me rappelez-vous?

— Afin de vous engager ma parole.

— Vère! le serment d'un agonisant est une méchante monnaie quand il a repris vie. Cri-Cri, cherche du papier et de l'enore... Redressez-vous, Rabot; dans un instant vous serez mieux; les affaires bien faites tranquillisent tout le monde.

Avec des efforts inouïs, le meunier écrivit une obligation de vente provisoire consentie à Douce.

Quand Musaraigne tint le papier, elle tira de sa poche un petit pot d'onguent, et dit au meunier :

— Frottez les membres malades pendant un quart d'heure et vous vous trouverez soulagé. Je reviendrai demain.

Musaraigne courut chez le notaire, fit dresser l'acte de vente et revint chez Rabot. Elle le trouva debout et guéri. La bonne santé dont il jouissait lui eût fait aisément oublier les tortures de la veille, et inspiré le souhait malhonnête de retirer sa parole, s'il n'eût pensé que la vieille femme avait aussi bien le pouvoir de lui rendre les douleurs que celui de les lui ôter. Il n'osa donc point refuser sa signature, et, à partir de cette heure, Douce devint légalement propriétaire du Chêne à l'Image.

Le soir, la jeune fille écrivit à M. Leguével.

La réponse de l'avocat se terminait par ces lignes: « A la fin de la semaine, mon ami Auguste Landier se rendra au village des Ormes et fera ce que vous désirez. »

En effet, un samedi la voiture faisant le service des voyageurs s'arrêta devant l'auberge de Basile; il en descendit un jeune homme de vingt-cinq ans qui, après avoir déjeuné, prit un album sous son bras et s'informa de la demeure de Musaraigne.

— J'y vas, monsieur! dit une voix d'enfant, si vous voulez marcher quant et moi.

Chemin faisant, le peintre et son guide entamèrent l'entretien.

— Où demeures-tu? demanda l'artiste.
— Chez Rabot le meunier.
— Tu te nommes?

— Cri-Cri, pour vous servir; c'est pas trop un nom de chrétien; mais dans les sillons on trouve une petite bête qui s'appelle comme cela... Elle ne fait de mal à personne et n'exige pas grand'chose pour vivre... On me ramassa un matin dans les champs entre des épis et des bluets, et on m'appela Cri-Cri... une pauvre femme du village m'apporta dans son tablier et m'éleva au milieu de ses cinq enfants... Dès que j'ai pu travailler, je me suis mis au service de Rabot. Il ne fait pas trop bon chez lui, mais je gagne du pain et des sabots.

— Tu connais Musaraigne?

— Oui, répondit l'enfant d'une voix craintive.

— Elle est bonne pour toi?

— Pour moi et pour d'aucuns; n'empêche qu'on ne l'accuse d'avoir des accointances avec l'Esprit malin, et que je ne m'épeure quand j'entre à la masure, dans la crainte de voir un crapaud habillé de vert sur la table, et proche de la cheminée le balai qui lui sert pour se rendre au sabbat.

Auguste Landier ne put s'empêcher de rire.

— Voilà Douce, reprit l'enfant, la fille du porte-balle.

La jeune fille était assise sur le tronc d'arbre où, plusieurs mois auparavant, avaient pris place les assassins de Louis. En voyant le jeune étranger, elle devina qu'il était l'ami de M. Leguével.

— Je me rends à vos ordres, lui dit l'artiste.

— Merci, monsieur, répondit Douce. Voici ce que je souhaite de vous. Regardez cet arbre là-bas... On l'appelle le Chêne à l'Image. Jadis de pieux pèlerins s'asseyaient sous son ombre; les curieux y viennent aujourd'hui... Sur la route... en face... là... dit la jeune fille en traversant le chemin, mon père est tombé sous l'arme d'un meurtrier... Il tomba la face tournée vers le ciel, le bras gauche étendu du côté du Chêne à l'Image. Je souhaite, monsieur, que vous reproduisiez ce paysage, et que vous y ajoutiez le cadavre de mon père, dans la position que je viens de vous décrire...

— Je vous obéirai, mademoiselle; mais ne craignez-vous pas que ce dessin vous rappelle trop souvent un irréparable malheur?

— Peut-être m'aidera-t-il à en prévenir un autre, monsieur.

Auguste Landier s'assit, ouvrit son album et commença son dessin; au bout de trois heures il était terminé.

L'artiste le tendit à Douce.

— Cela est fort bien, dit-elle; maintenant je souhaite que ce dessin soit tiré à des milliers d'exemplaires.

— Que comptez-vous donc faire? demanda Auguste Landier.

— Les vendre, répondit Douce avec calme.

— Les vendre, vous?

— Moi, dans les foires, dans les marchés. La fille de Louis le porte-balle offrira aux chalands l'image du chêne au pied duquel on assassina son père.

Landier regarda Douce avec une triste surprise, et répondit froidement :

— Vous aurez prochainement des épreuves.

La journée s'avançait, l'artiste allait prendre congé de la fille du porte-balle, quand Musaraigne parut. Elle salua le jeune homme et lui offrit de se reposer dans sa maison. M. Landier accepta. Tous trois se dirigèrent vers la cabane. Les apprêts du repas ne furent pas longs. Musaraigne saisit une poule noire et la saigna sans pitié. Pendant que Douce dressait le couvert, l'artiste inventoriait la masure. Elle renfermait deux pièces; la première s'ouvrait sur le courtil; la seconde donnait sur un petit potager. Le lit de Musaraigne occupait un des angles de la salle;

au pied du lit était un coffre; en face, un dressoir chargé de vaisselle à fleurs. Sur la haute cheminée, un crucifix étendait les bras. Ce qui donnait à cette pièce un aspect bizarre, c'étaient les paquets d'herbes sèches pendus au plafond; les peaux de couleuvres et de crapauds clouées le long des murs; les chouettes empaillées se balançant aux solives; les couronnes de verveine, les bouquets de gui accrochés dans les coins.

Le jeune peintre ne put résister au désir de reproduire cet intérieur étrange, et achevait son croquis, quand Musaraigne rentra, tenant à la main une salade qu'elle venait de cueillir. Deux coups de crayon donnèrent au jeune homme la silhouette de la pauvresse et la forme svelte de Douce apparut vaguement dans l'ombre du lit clos. Le repas fut simple et court, l'adieu cordial; le soir même Auguste rentra chez Basile. Il essaya de faire causer le cabaretier sur le drame de l'Image du Chêne, sur la fille du porte-balle et sur Musaraigne, mais le cabaretier se tint sur la défensive et répondit par monosyllabes.

— Une fière tête de coquin! murmura Auguste Landier, en observant l'aubergiste.

Le lendemain, il s'occupait de faire lithographier le dessin du chêne et le portrait du malheureux Louis.

Ce fut Madeleine qui porta aux Ormes le paquet des sinistres images. Aux questions que lui adressa son amie, Douce se contenta de répondre :

— Je n'ai point de plan tracé à l'avance, et j'attendrai l'inspiration de chaque heure... Ton père et ton frère sont au bagne... Mon père est mort assassiné! Il faut que je découvre le meurtrier de mon père et que je réhabilite Claude et Marcel.

Le soir, Musaraigne demandait à Douce:

— Quand pars-tu?

— Demain, répondit la jeune fille.

7.

— Et nous nous reverrons... ?
— Le 13 de chaque mois.

Musaraigne pressa la jeune fille sur sa poitrine.

— Je crois qu'il vous fallait une enfant, dit Douce, et l'orpheline trouve en vous une seconde mère !

VI

La journée s'avançait, journée torride pendant laquelle la nature entière paraissait languir. L'arbre demandait la pluie, la terre la fraîcheur; les animaux épars dans la campagne, accroupis et le mufle à terre, appelaient vainement un souffle. Les travailleurs suant sous le harnais du labeur s'arrêtaient pour essuyer leur visage. Les robustes filles, le front caché sous un chapeau de paille, la taille serrée par un mouchoir à carreaux comme par une ceinture, haletaient, courbées vers le sillon. L'excessive chaleur faisait redouter un orage; fermiers, valets et métayers se hâtaient de terminer la besogne.

Tout à coup, une jeune fille poussa un cri de terreur en voyant accourir un chien la langue pendante, le poil hérissé, quêtant, demandant, tout en peine, et qui paraissait aussi furieux qu'affamé. A cette époque de l'année, la terreur des chiens enragés est grande. Celui-là, bien qu'il ne présentât aucun des signes distinctifs de l'hydrophobie, inspira cependant une crainte si grande à la moissonneuse qu'elle courut se jeter dans les bras de son frère en s'écriant :

— Un chien enragé! un chien enragé!
En un instant l'alarme fut donnée.

Les travailleurs s'arment de fourches, de faucilles; le chien effaré se jette au milieu du groupe et s'enferre dans les branches aiguës d'une fourche. Il pousse un hurlement de douleur auquel semble de loin répondre un cri d'angoisse. Les hommes s'acharnent après leur victime; elle tente vainement d'échapper à ses bourreaux; blessée et saignante, elle fuit, laissant après elle un sillon rouge sur la paille fraîchement coupée. Mais le chien que l'on redoute doit être abattu. On le rejoint, il cesse de se défendre ; ses regards mourants se tournent du côté de la route et s'arrêtent sur un vieillard chancelant qui, d'une voix plaintive, appelle :

— Fido ! mon bon Fido !

Mais Fido, qui tente de se soulever pour répondre à cet accent connu, reçoit à la fois un coup de faucille qui lui coupe profondément une patte de derrière, et un coup de bâton qui lui brise à moitié le crâne. Il retombe sur le sol et ne bouge plus.

— Fido ! Fido ! répète le vieillard.

— C'est drôle tout de même, dit un paysan, un chien dont le maître est ivrogne, mourir de la rage !

Mais une des moissonneuses, s'approchant de la lisière du champ, répond au jeune valet :

— Vous devriez rougir, Noël, de suspecter les gens sans les connaître ; ce pauvre homme est aveugle.

— Aveugle? mais alors, c'est son chien que l'on vient de martyriser...

— Claudine, s'écria la première moissonneuse, allez vers le vieillard, amenez-le ici...

La jeune femme courut vers le vieillard.

— Venez, lui dit-elle, vous avez besoin de repos, et vous partagerez notre dîner.

— Avez-vous vu mon chien? demanda l'aveugle.

La moissonneuse évita de répondre.

— Quelle chaleur! dit-elle, et combien vous devez avoir de peine à trouver du pain le long de la route.

— Oui, bonnes gens! Et cependant, j'en reçois assez pour moi et pour Fido... La corde qui le tenait s'est cassée, il avait soif, et il est parti en avant... Je l'appelle depuis une heure... C'est que Fido, voyez-vous, n'est pas une bête ordinaire, mais une créature dont l'instinct ressemble à l'intelligence du cœur. Fido! Fido! répéta le vieillard.

Guidé par Claudine, il entra dans le champ.

Les hommes et les femmes, tout à l'heure furieux et altérés du sang de la malheureuse bête, demeuraient attristés et contraints.

Claudine fit asseoir l'aveugle, lui apporta du cidre, lui tailla un chanteau de pain, sur lequel elle étendit une tranche de lard, puis elle l'invita à dîner.

Le vieillard coupa la moitié de son pain et le mit de côté.

— C'est pour Fido, dit-il doucement.

En ce moment la misérable bête, saignante et blessée, mais qui respirait encore, poussa un gémissement si plaintif que l'aveugle se leva tout droit, comme mû par un ressort :

— Fido! s'écria-t-il, Fido!

Ses mains tremblantes frappèrent ses genoux par un geste d'appel affectueux;

un gémissement plus douloureux lui répondit :

Le visage de l'aveugle exprima une horrible douleur, puis éclatant :

— Qui a blessé mon chien ? demanda-t-il.

La plus jeune des moissonneuses prit l'animal expirant dans son tablier, et l'apporta au vieillard.

— Pardonnez-nous ! dit-elle, pardonnez-leur à tous, ils ont vu un chien sans maître, un chien errant, et...

— Ah ! fit le malheureux homme, on a traité Fido en chien enragé... Bonne bête ! fidèle et bonne bête... Si vous saviez comme Fido m'aimait... l'avoir assommé, lui ! qui me léchait les mains, il y a une heure à peine... Si j'avais des yeux, je laverais, je banderais ses plaies..., on le sauverait peut-être... Vous me paraissez devoir être compatissante, jeune fille, car vous avez la voix douce. Voulez-vous m'aider à soigner Fido ?

La moissonneuse alla quérir de l'eau et lava les blessures du chien ; elle les banda ensuite avec des mouchoirs. Mais elle agissait plus pour consoler l'aveugle que dans l'espoir de sauver la pauvre bête. Du reste, chacun lui venait en aide. On regrettait la précipitation avec laquelle on avait agi. Le vieillard se lamentait et se demandait ce qu'il allait devenir. Le chien gémissait sur ses genoux. Claudine et la jeune moissonneuse restaient assises près de lui.

— Ecoutez, dit celle-ci, si vous n'avez pas de but dans vos voyages, je vous conduirai chez une femme qui guérira Fido.

— Mon chemin n'a pas de but... Je cherche mon pain de chaque jour et l'abri de chaque nuit... Je ferais vingt lieues à pied, afin de chercher un soulagement pour Fido.

— Vous recevrez l'hospitalité dans la ferme voisine, où j'ai été employée pour le temps de la moisson, on rentre les gerbes demain, je serai libre, et...

La jeune fille n'acheva pas, elle considérait d'un œil effaré le vêtement de l'aveugle.

C'était une sorte de houppelande d'un brun rougeâtre, sur laquelle tranchait crûment une pièce de drap noir de forme irrégulière. La moissonneuse porta la main à un cordon entourant son cou, tira un sachet de sa poitrine, l'ouvrit, en sortit un morceau d'étoffe de même nuance que le vêtement de l'aveugle, et poussa un cri mêlé de surprise et d'effroi.

Puis brusquement, à l'aide de son couteau, elle se mit à découdre le morceau de drap noir; quand il fut enlevé, elle constata qu'il manquait un lambeau à la houppelande, et en rapprochant celui qu'elle tenait d'ordinaire enfermé dans son sachet, elle vit qu'elle possédait bien réellement le morceau déchiré au vêtement de l'aveugle.

Quand elle renferma dans le sachet la

triste relique qu'elle y gardait, elle tremblait convulsivement.

— Mon ami, dit-elle au vieillard, de façon à n'être entendue que de lui, non-seulement je vous promets de vous conduire près de la femme qui sauvera Fido, mais encore je vous secourrai autant que je le puis dans votre misère, si j'apprends d'où vient l'habit que vous portez.

— On me l'a donné, répondit le vieillard avec douceur. Il y a de bonnes gens dans le monde, de bien bonnes gens. Je me trouvais dans un petit village...

— Qui s'appelle? demanda la moissonneuse.

— Attendez... Fouillenbois ; oui, Fouillenbois... La nuit venait, j'avais faim, mon chien paraissait las. Je traversais la rue du village; tout à coup une petite fille s'écrie : « — Oh! père! un aveugle et un caniche... Veux-tu me permettre de faire comme du temps de maman, et de donner mon dîner au pauvre? » J'entendis un baiser résonner sur la joue de l'enfant, puis une voix amicale me dit : « — Partagez notre repas, et dormez chez nous. » L'enfant saisit ma main et j'entrai. — « Asseyez-vous, me dit mon hôte, la Blondine s'occupe du souper... Elle n'a que dix ans, et déjà elle travaille comme une vraie ménagère ; elle a préparé toute seule la soupe au lard. C'est une vraie bénédiction que ma Blondine. » Je ne voyais pas la petite fille, mais je l'écoutais aller et venir doucement. Quand le souper fut prêt, elle porta la soupière sur la table, puis remplissant une écuelle, elle la tendit à Fido... — « Mange, dit-elle, tu es une bonne bête, et les hommes doivent t'aimer... » Je passai la soirée avec le tailleur et sa fille ; je dormis dans la chambre de la femme qu'il avait perdue, et dont il parlait avec religion ; je me levai au jour, mais pas assez vite pour devancer Blondine. On était à la fin de septembre, les nuits devenaient fraîches ; l'enfant, voyant

que je tremblais un peu sous ma blouse de toile, jeta un fagot dans la cheminée, puis s'adressant à son père qui tirait déjà l'aiguille : — « Père, dit-elle, le pauvre a froid... l'hiver approche, si tu lui donnais la houppelande rouge, tu sais... »
Blondine fut encore payée de son bon conseil par un baiser. Quand je me levai pour partir, le tailleur me tendit ce vêtement. Je bénis mille fois le brave homme, j'embrassai Blondine et je quittai Fouillenbois; il y a huit mois de cela...

— Huit mois ! répéta la moissonneuse. Voulez-vous revenir avec moi à Fouillenbois ?

— Volontiers, mais...

— Vous tenez peut-être le secret de toute ma vie.

La moissonneuse se leva, parla bas à Claudine, puis elle revint vers l'aveugle, dont elle prit la main, plaça Fido dans son tablier, et suivit le char plein de gerbes qui portait dans la grange les trésors de l'année.

A la campagne, mais surtout à l'époque de la moisson, l'hospitalité des fermes est ample est cordiale. Mathurin, maître de la métairie, fit donc bon acueil à l'aveugle. Après le repas, il prit dans l'armoire un sac d'écus.

— Mes enfants, dit-il, les blés sont rentrés ; ils sont beaux et pleins ; je vais vous payer tous, vous remerciant de vos bons services, et vous retenant pour le battage si vous le pouvez, même pour la fenaison prochaine.

Chaque journalier s'approcha pour recevoir son salaire.

Quand les comptes furent réglés, Mathurin fit apporter deux cruches de cidre, exigeant qu'on les vidât à sa santé. Une seule personne ne tendit point son verre, ce fut la moissonneuse qui, la première, était allée au secours de l'aveugle.

— Avant de nous séparer, mes amis,

dit-elle aux journaliers, permettez-moi de vous adresser une prière... Achetez une image à la pauvre fille.

Elle dénoua un petit paquet et étala sur la table des images sinistres, en répétant :

— Achetez le dessin fidèle du Chêne et le véridique portrait de Louis le porte-balle.

Il se fit dans la salle un silence de mort.

La jeune fille promena autour d'elle un regard perçant, et parut scruter toutes les physionomies, mais elle ne vit que d'honnêtes et paisibles figures.

Mathurin s'avança le premier, prit une gravure et laissa quarante sous sur la table. Chaque travailleur en acheta une, la payant plus ou moins ; puis on adressa à la jeune fille quelques paroles de commisération et de sympathie.

Douce partagea le lit de Claudine, et dut lui apprendre dans ses moindres détails la mort de Louis, la condamnation des Trézek.

Le lendemain, l'aveugle et l'orpheline quittèrent la ferme.

— Revenez-nous ! fut le dernier mot de Mathurin.

— Je reviendrai, répondit Douce.

Deux jours après, l'aveugle et la jeune fille s'asseyaient sous le Chêne à l'Image, et bientôt une vieille femme parut.

— Musaraigne ! dit Douce les bras tendus.

Il ne fallut pas longtemps à la pauvresse pour voir quels soins demandait Fido; elle ôta les premiers bandages, lia des éclisses aux pattes blessées, frotta les blessures avec son onguent, et promit de le sauver. Le vieillard se coucha dans le fenil, et les deux femmes restèrent seules.

La jeune fille raconta l'épisode de l'habit, et annonça son intention de partir pour Fouillenbois.

— Il y a du nouveau ici, dit Musaraigne, Chérau court à sa ruine... Le cabaret de Basile est remis à neuf... on a fait venir des meubles de Vitré... Il se passera ici avant peu, quelque chose dont s'étonneront bien des gens... Pars pour Fouillenbois, quête, cherche la piste, je travaille ici à la même œuvre, et pour l'accomplir, ce n'est pas trop de notre zèle à toutes deux.

— Non, dit la jeune fille, et le zèle que nous déployons resterait stérile sans l'aide de la Providence... Mais je crois à cette Providence, Musaraigne, Dieu vient de me donner un signe visible de sa protection en me faisant rencontrer le vieil aveugle... Ne le remarquez-vous pas, chaque fois que je me sens sur le point de perdre courage, un événement inattendu me vient assurer de la protection divine...

— Oui, ma fille, répondit Musaraigne, Dieu est toujours là... Les livres saints racontent que durant le temps où les Hébreux traversaient le désert, la nuée qui leur servait de guide était tantôt noire comme la nuit, tantôt plus lumineuse que le soleil... C'est ainsi pour nous... Dieu semble parfois se dérober à nous pour éprouver notre foi, et nous fournir l'occasion de lui montrer la force de notre espérance..., puis il dévoile la splendeur de sa beauté, les trésors de sa grâce, et la grande lumière de la consolation se fait dans notre cœur... Dors en paix, vaillante chrétienne, et reprends demain le bâton de la voyageuse, un ange te guidera comme il guidait Tobie.

VII

Le petit tailleur Cado se tenait à la même place, derrière les carreaux de la fenêtre. On n'entendait d'autre bruit dans la chambre que celui des lourds ciseaux tombant sur l'établi, et le cliquetis des aiguilles de Blondine, qui tricotait. Chaque fois que le brave homme enfilait son aiguille, il jetait un regard dans la rue, s'attendant à voir paraître un voisin ou un voyageur. L'enfant, attentive à sa tâche, les pieds posés sur le dernier barreau de sa chaise, comptait les points de son bas. Quand elle levait la tête, elle souriait.

— Tiens ! s'écria-t-elle tout à coup,

l'homme à la houppelande passe devant la porte.

— C'est ma foi vrai ! Quel dommage qu'il n'ait pas besoin d'une veste, nous serions si heureux de toucher quelques écus !

L'homme, qui venait de dépasser la maison du tailleur, se ravisa, et entra dans la boutique.

— Avez-vous des blouses ? demanda-t-il.

— A choisir, répondit le tailleur, en quittant sa place avec agilité. J'espère que votre veste a fait du profit... du drap comme un cuir... Voici une blouse soutachée aux épaules, cela vous va-t-il ?

— Très-bien ! répondit le chaland sans l'examiner.

— Cinq francs, ajouta Cado.

L'homme paya, passa la blouse par-dessus ses habits, noua un mouchoir à carreaux sur sa tête, qu'il couvrit ensuite d'un chapeau ciré, et ressembla complétement, habillé de la sorte, à un honnête marchand de bœufs.

— Père, dit Blondine, tandis que le tailleur mettait les cinq francs dans le tiroir, voici Gildas l'aveugle. Quel bonheur, il nous chantera des complaintes!

La petite fille s'élança dans la rue et courut au vieillard, puis elle voulut l'entraîner vers la maison.

— Et Douce, Douce? dit le vieillard.

— Qui cela, Douce?

— Une bonne jeune fille que vous aimerez.

— Entrez toujours, j'irai la prévenir.

Gildas monta les trois marches en hésitant. Le tailleur était trop occupé en ce moment pour faire attention à lui. Il regardait la lourde bourse de peau d'anguille dans laquelle l'acheteur serrait à la fois de l'or et de la monnaie blanche.

— Oh! oh! dit-il, vous n'êtes pas à plaindre, et vous avez assez d'argent là pour acheter une maison dans le village.

— Mais on gagne assez cette année.

— Quel état exercez-vous, sans vous commander?

— Quel état? Pas un, mais dix, cent! et le meilleur est celui qui rapporte davantage... Bonjour, compère, et au revoir! Je ne quitte pas le pays, et il est possible que j'aie besoin d'un habillement complet d'ici une quinzaine.

L'acheteur sortit, tourna rapidement la maison du tailleur, qui faisait l'angle d'une ruelle, et disparut.

Blondine, ayant fait asseoir l'aveugle, courut sur la route au-devant de Douce. Elle l'aperçut assise sur la margelle d'un puits, occupée à désaltérer Fido.

— Je reconnais ce chien! dit l'enfant, vous vous nommez Douce, et Gildas vous attend à la maison.

— Ah! Blondine, répondit Douce, je vous aime pour tout le bien que l'on m'a dit de vous...

Un instant après, la voyageuse était debout près de l'établi du tailleur.

— Je viens vous demander un grand service, dit-elle, et pour vous gagner tout de suite à ma cause, je vous dirai ce qui m'amène... Je suis la fille de Louis le porte-balle, et je cherche l'assassin de mon père.

— Vous! dit le tailleur avec surprise.

— Vous! répéta Blondine les larmes aux yeux.

— Quand je rencontrai Gildas, reprit la jeune fille, il portait ce vêtement donné par vous, et qui sans nul doute est celui du meurtrier de mon père... Je garde un morceau d'étoffe que la victime tenait dans ses mains crispées, et vous pouvez vous convaincre comme moi, en rapprochant ce lambeau de la déchirure, que l'étoffe est bien semblable et s'adapte parfaitement... Connaissez-vous l'homme qui vous a vendu cette houppelande?

— Mais il sort de la maison à l'instant même.

— Lui!

— Pendant que Blondine courait embrasser Gildas, il choisissait une blouse neuve. Je l'ai vu suivre la ruelle, mais j'ignore son nom, et ne puis vous renseigner sur le chemin qu'il a dû prendre.

— Ah ! il ne saurait être loin ! s'écria la jeune fille.

— Si vous ignorez son nom, reprit Gildas, et si Douce n'a pu voir son visage, j'ai entendu le son de sa voix, et partout où devant moi parlera cet homme, serait-ce dans vingt ans, je saurai le reconnaître.

— Au revoir, Cado, dit Douce, il faut que je cherche.

Mais l'acheteur de blouse, au lieu de suivre la route, avait pris à travers champs. Douce interrogea un paysan et lui demanda s'il avait remarqué l'homme qu'elle lui dépeignit :

— Il a dû arriver droit à l'embranchement des routes, répondit le laboureur.

Lorsque la jeune fille se trouva dans le carrefour, il lui devint impossible de savoir lequel des chemins avait choisi l'homme à la houppelande ; elle en prit donc un au hasard.

Gildas et Douce marchèrent longtemps. La nuit vint, l'horizon se confondait avec le ciel. Enfin les voyageurs aperçurent des lumières éparses et distinguèrent les silhouettes de grands bâtiments. Des aboiements furieux retentirent, et une grande barrière se dressa devant Douce. La jeune fille distingua une cour de ferme. Elle appela longtemps, sans qu'on parut l'entendre, et le chien, tirant sa chaîne, continuait ses cris. Enfin un homme portant une lanterne d'écurie s'approcha, et demanda qui frappait à la porte à cette heure.

— Un malheureux aveugle, répondit Gildas.

— Un aveugle ! répéta le valet, cela peut être vrai, comme cela peut être faux ; depuis que les mendiants ont jeté des poudres dans la mangeoire aux bêtes, on ne se fie guère ici à personne, et le père Laloue serait capable de me renvoyer s'il apprenait que je vous reçois.

Cependant le valet ouvrit la barrière.

— Pas plus tard qu'aujourd'hui, reprit-il, nous avons vu rôder aux alentours des gens de méchante mine. Aussi je ne pourrais vous donner place que dans le grenier à foin, près de moi.

Gildas et Douce suivirent le valet. La jeune fille s'étendit sur la paille fraîche, Gildas, appuyé contre le mur, s'assoupit plutôt qu'il ne s'endormit. Quant à Simon, il ne tarda pas à ronfler d'une façon formidable.

Gildas fut tiré de sa somnolence par un bruit de voix chuchotant au-dessous de la lucarne du grenier. Malgré la sourdine que les deux interlocuteurs mettaient à leur accent, l'aveugle demeura subitement frappé d'un souvenir.

— Il faut commencer par la grange, dit un des hommes.

— Tandis que cela flambera et qu'ils

tenteront d'éteindre le feu, nous ferons l'affaire, ajouta l'autre.

Gildas se souleva, s'appuya contre le mur et fit quelques pas, guidé par le bruit égal de la respiration de Douce. Quand il fut près de la jeune fille, il lui prit la main.

— Éveillez-vous, mon enfant, lui dit-il, éveillez-vous, mais ne parlez pas... J'ai reconnu la voix... Nous sommes sur la trace. Seulement, on prépare un nouveau crime, et Dieu sait si nous ne serons pas plus malheureux encore qu'hier... Je vais éveiller Simon, tenez-vous prête.

Le valet étouffa un cri quand Gildas le secoua par l'épaule.

— Hein! Que voulez-vous? Au secours!

— De la prudence, murmura Gildas, la jeune fille est prévenue... Debout, Simon! Ou je me trompe fort, ou des malfaiteurs rôdent autour de la ferme pour la piller et l'incendier.

— Misérable! dit le valet, tu fais peut-être partie de la bande.

— Est-ce que je vous préviendrais, dans ce cas ?

Simon courut à la porte et la trouva fermée. Heureusement la fenêtre était assez large. Il saisit une échelle, l'appuya contre le mur et descendit. Quand il fut dans la cour, il vit des étincelles sortir de la grange au milieu d'un nuage de fumée. Il pensa que les portes de la maison se trouvaient barricadées et courut au jardin, afin de gagner la laiterie et de pénétrer dans la salle basse.

Mais, tandis qu'il combinait ce plan, les incendiaires frappaient avec violence aux fenêtres du rez-de-chaussée en criant : Au feu !

De tous les fléaux que redoute le paysan, le feu est le plus terrible. Quand la grêle hache les récoltes, que la pluie abat les foins ou les blés, il s'en remet à Dieu du soin de le sauver ; mais le feu est l'œuvre de la haine, et le plus souvent on ne sait sur qui arrêter les soupçons. Est-ce un valet renvoyé, un malfaiteur ou un ennemi inconnu? En une heure il voit s'engloutir le fruit de ses travaux; sa maison croule, les bestiaux périssent. Dans la campagne, les incendies sont d'autant plus redoutables que l'eau manque souvent pour les éteindre. Puis les fermes sont éloignées les unes des autres; on trouve peu de travailleurs en proportion du péril; avant que les voisins soient accourus, il ne reste qu'un monceau de cendres.

Le fermier Laloue, réveillé par le bruit, sauta à bas de son lit et s'approcha de la cheminée pour allumer une résine; mais il n'avait pas encore frotté une allumette que deux bras vigoureux le saisirent. Une lutte terrible s'engagea, Laloue fut vaincu, garrotté et poussé dans un coin, la bouche bâillonnée. Les deux femmes, à demi mortes de peur, essayaient de résister à deux misérables qui finirent par les rouler dans leur draps et par les lier avec des cordes, si serrées qu'elles leur entraient dans la chair, et leur causaient d'horribles tortures.

Les hommes qui venaient apporter à la ferme de Laloue le pillage et l'incendie étaient commandés par l'individu qui, lors de sa première visite, laissa sa houppelande rouge chez Cado, le tailleur, et à la seconde, lui acheta une blouse neuve. Cette blouse, il l'avait ôtée et mise en lieu sûr, afin de ne lui laisser ni tache de sang ni trace d'incendie. Ses deux aides, Tirel et Cormoran, étaient des repris de justice; les autres, sans en être à leur début, n'avaient pas atteint l'endurcissement de l'homme à la houppelande. Pendant le temps qu'il avait fallu aux malfaiteurs pour garrotter la famille Laloue, Simon réveilla deux domestiques et la fille de laiterie. Pour piller plus facilement, les voleurs s'étaient barricadés à l'intérieur. Simon et ses camarades tentèrent d'enfoncer la porte. Il fallut de prodigieux efforts pour la forcer à céder. Mais les robustes garçons employèrent toute leur énergie, et au moment où les voleurs vidaient l'armoire du fermier, la porte tomba avec fracas dans l'intérieur de la chambre. Les malfaiteurs crurent à l'arrivée subite des guetteurs, mais la vue de deux faux et d'une fourche de fer les obligea à se mettre sur la défensive. Comme ils étaient en possession de l'argent de Laloue, ils n'avaient plus qu'à s'enfuir. L'unique résine allumée sur la table jetait une faible clarté; ils feignirent de chercher à s'évader du côté de la porte extérieure, et tandis que Simon et ses camarades se précipitaient pour leur barrer le chemin, par un mouvement rapide, ils se jetèrent dans la chambre voisine, sautèrent par-dessus la haie du jardin et se trouvèrent près de la grange.

—Séparons-nous, dirent-ils, nous nous retrouverons où vous savez.

L'homme à la houppelande prit sous un buisson la blouse achetée chez Cado, et il la passait, quand deux mains le saisirent à la gorge.

C'était Gildas, qui, aidé par Douce, était parvenu à quitter le grenier, et venait de reconnaître le son de voix du misérable, quand il s'était adressé à ses complices.

— Douce ! Douce ! cria le vieillard, voici l'assassin de ton père !

Gildas n'en put dire davantage, il sentit à la poitrine une douleur aiguë, ses mains lâchèrent le bandit, et il tomba à la renverse.

— Douce ! Douce ! répéta-t-il d'une voix plus faible.

— Me voici ! répondit la jeune fille.

Elle accourait, suivie des valets lancés à la poursuite des incendiaires, mais elle ne trouva que Gildas, gisant à terre...

La maison présentait un aspect désolé; Laloue, délié par ses domestiques, s'épuisait à tirer au puits des seaux d'eau insuffisants pour lutter contre les progrès de l'incendie. Les femmes pleuraient sans garder la force de combattre le fléau. Le pasteur courait chercher de l'aide; les valets se multipliaient pour tenter de faire la part du feu. La grange flambait. Mais comme ce bâtiment se trouvait séparé de la maison de quelques mètres et que le vent soufflait dans la direction contraire, on pouvait espérer que le désastre se bornerait à la perte de la grange et du blé qu'elle renfermait.

Les valets tentèrent vainement de poursuivre les incendiaires; ceux-ci avaient disparu. Douce resta près de Gildas, qui venait de s'évanouir. Les voisins arrivèrent, on sauva la maison, mais la famille Laloue n'en était pas moins à demi ruinée. Peu s'en fallut que l'on n'accusât l'aveugle d'avoir aidé à la perpétration du crime. Si le jeune valet ne l'eût défendu, on l'aurait immédiatement mis entre les mains de la justice.

Douce le pansa avec un soin filial, le

traîna près d'une meulière, et attendit qu'il rouvrît les yeux. Quand elle put supplier la fille de Laloue de veiller un peu sur le malheureux blessé, elle prit sa course au hasard. L'assassin de son père se trouvait dans le pays, il le lui fallait, elle se croyait sûre qu'il ne lui échapperait pas, car elle avait pu entrevoir ses traits au moment où il frappait l'aveugle.

Sur la route, elle rencontra les gendarmes faisant une battue. Elle leur demanda s'ils poursuivaient les incendiaires, et sur leur réponse affirmative, elle ajouta :

— L'un d'eux n'est pas à son premier crime, et celui-là, j'ai juré de le retrouver. Vous pouvez en croire ma parole, je suis la fille de Louis le porte-balle.

— Et vous le croyez dans les environs ?

Douce raconta l'épisode du tailleur.

— Il faudra sans doute faire votre déposition aux magistrats, dit le brigadier.

— Je serai prête, répondit-elle.

Tandis que les gendarmes se dirigeaient vers la ferme, Douce suivait un chemin conduisant à un bois épais. Des sentiers difficiles, même pour des piétons, rendaient cet endroit propice aux malfaiteurs qui eussent voulu y chercher un refuge. En approchant du bois, Douce entendit des voix sonores chantant dans une langue étrangère. Elle s'avança avec précaution, et se trouva bientôt en face d'une troupe de gens à l'aspect farouche, et pour la plupart vêtus de haillons. Ils avaient devant eux un monceau de poêlons et de casseroles, de bassins de cuivre, de chandeliers. Sur un trépied, l'étain fondu et le plomb étaient prêts pour l'étamage. Les enfants groupés autour d'une marmite surveillaient le déjeuner ; les femmes reprisaient des loques ; les hommes travaillaient, sauf trois, qui, couchés sur le dos, le visage voilé d'un mouchoir, dormaient d'un profond sommeil.

Douce ressentit un peu de crainte en s'approchant de ces vagabonds, dont l'état nomade pouvait servir à masquer bien des méfaits. Cependant, au milieu de quelles gens pouvait-elle chercher l'assassin de son père, sinon parmi les êtres sans foyer, sans aveu, ces smalas d'hommes sans courage, de femmes sans pudeur, d'enfants précocement vicieux?

Douce dénoua son portefeuille d'images, et les montrant d'abord aux enfants :

— Achetez-moi cette belle gravure, mes petits amis; achetez-la moi si peu que vous voudrez.

— Je n'ai pas d'argent, répondit un enfant.

— Demandez-en à votre père.

Le petit garçon courut vers l'un des étameurs.

— Je veux l'image, dit-il; donne-moi deux sous.

— Quelle image?

— Celle de la jeune fille.

— Ma bourse est vide...

— Si, tu as de l'argent... j'en veux; il me faut l'image... ou bien, jamais, jamais, ajouta-t-il en baissant la voix, je ne prendrai de volaille dans le poulailler des fermes.

— Te tairas-tu, malheureux! dit le père en regardant si la jeune fille avait pu entendre ces paroles imprudentes.

Mais Douce semblait fort occupée de la femme qui, en ce moment, activait le feu sous la marmite de fonte.

— Voici de l'argent, dit l'étameur à l'enfant, mais ce soir tu me paieras ce que tu viens de faire.

Le petit garçon courut à la jeune fille, lui remit la pièce de deux sous, saisit l'image, puis, l'élevant triomphant au-dessus de sa tête, il l'agita au milieu de ses compagnons.

La troupe enfantine se rapprocha du bohémien, et celui des enfants qui paraissait le plus instruit, se mit à lire la légende.

Pendant ce temps, la femme plongeait dans la marmite une grande cuiller en bois, et remplissait les écuelles d'un potage fumant.

— Voulez-vous une image en échange d'un peu de soupe? lui dit Douce; j'ai faim et je viens de loin.

— Ah! répondit la femme, vous êtes comme nous, vous habitez les grandes routes.

— Que voulez-vous, répondit Douce, la misère...

— Une rude compagnonne, celle-là! Asseyez-vous et déjeunez... Crin-Crin, ici! porte le repas aux hommes!

Un enfant souffreteux se détacha du groupe et remit une écuelle à l'un des étameurs; il revint ensuite en prendre une seconde, la porta de même, jusqu'à ce qu'il n'en restât plus que trois.

— Ah! fit la femme, les autres dorment. Ils ont travaillé durement; il faut que la fatigue soit forte pour les empêcher

d'entendre la chanson des romanichels...
Réveille-les, Crin-Crin.

L'enfant courut aux dormeurs et parvint à les tirer de leur sommeil.

— Ho! Cormoran! dit-il, la soupe est chaude.

— Lucas Tirel, voici le déjeuner.

— Et toi, Rufin, ne veux-tu pas te soutenir?

Les trois hommes poussèrent une espèce de grognement et commencèrent à manger en silence.

Pendant ce temps, Douce, assise à terre, regardait tour à tour les enfants et les hommes qu'on venait d'appeler Tirel, Cormoran et Rufin.

L'appétit ayant fait taire les chansons, l'enfant qui était l'heureux possesseur de l'image continua tout haut la lecture de la légende.

— ... Le meurtre n'avait eu que la statue du Chêne pour témoin... Au matin on trouva sur la route le cadavre de Louis le porte-balle ; un de ses bras s'étendait du côté de l'arbre, l'autre s'allongeait contre le corps, et la main crispée serrait un lambeau d'étoffe rouge...

— Tonnerre ! s'écria celui des hommes qu'on appelait Rufin, en bondissant du côté de l'enfant, que nous annonces-tu là ?

— Une histoire imprimée au bas d'une image...

Rufin saisit l'image, et ses yeux agrandis se fixèrent sur la représentation du crime commis aux Ormes.

Douce, immobile, le regardait.

— Qui t'a vendu cela ? demanda le misérable en secouant l'épaule de l'enfant, qui a osé ?...

La femme intervint.

— Laissez ce petit, dit-elle ? De quoi est-il coupable ? L'image lui appartient, il l'a payée... Quand à la personne qui l'a vendue, la voici ; semble-t-elle d'apparence à vous effrayer ?

Rufin tourna les yeux du côté de Douce ;

— Quel métier de vagabonde, fais-tu là? cria-t-il. Hors d'ici! hors d'ici!

— Ne vous emportez point, dit Douce avec lenteur. En quoi suis-je fautive? Je vends mes chansons dans les fermes et dans les foires, comme vous étamez les casseroles et les bassins de cuivre... Nos métiers se valent...

Une idée germa soudainement dans le cerveau de Rufin, qui s'adoucit.

— C'est différent, dit-il, entre gueux on se doit des égards. Une jolie fille comme toi n'est guère en sûreté sur les chemins. Que ne te joins-tu point à notre troupe? Nos femmes vendent du fil et du *doublé*, tu débiteras tes images... Au moins, tu ne risqueras pas d'être volée ou épeurée.

— Je n'ai jamais peur, dit Douce, ma conscience est tranquille.

— Mais on peut te prendre tes épargnes?

— Je réalise de bien maigres bénéfices.

— Acceptes-tu?

Douce parut hésiter.

— Soit! dit-elle enfin, mais à une condition.

— Laquelle?

— J'irai chercher mon grand'père, un vieillard aveugle.

— Un aveugle! Enfin, va! On le fera mendier. Quand seras-tu de retour?

— Dans deux heures.

— Où loges-tu donc?

— Dans une meulière.

Rufin chiffonna l'image et la jeta au feu.

L'enfant se mit à pousser des cris perçants.

Rufin lui administra une paire de soufflets, et, voyant Douce s'éloigner, il fit un geste de satisfaction.

Dès qu'elle eut disparu, il prit à part Tirel et Cormoran.

— Filons, dit-il; cette petite fille avec son air sainte-nitouche peut fort bien espionner pour le compte de la gendarmerie.

— Mais la marchandise, demanda Lucas, ne faut-il point la rendre?

— Mieux vaudrait encore être arrêtés comme voleurs que comme incendiaires. Croyez-moi, l'endroit est mauvais. Dispersons-nous, nous nous retrouverons à la foire de Vitré. Les vases de cuivre tiendront dans la charrette; femmes, vaisselle et enfants, que l'on y entasse tout, et que Cormoran se charge de la conduire.

Avant de se séparer, les hommes prirent soin de changer quelque chose à leur costume; au bout de quelques minutes, le sol, couvert de charbons mal éteints, prouvait seul que les bohémiens avaient passé là.

Douce ne perdait pas de temps.

Elle courait sur la route à perdre haleine, et quand elle regagna la ferme, les magistrats s'y trouvaient déjà; ils dressaient l'état des lieux et recevaient les dépositions des témoins.

Douce, sans remarquer la gravité de la scène qui se passait en ce moment, entra en courant, et ne s'arrêta qu'en face de la table sur laquelle écrivait le greffier. Dans la rapidité de sa marche, elle avait perdu sa coiffure; ses cheveux tombaient épars sur son cou; son teint paraissait animé par la fièvre; ses mains tremblaient. Elle devina d'instinct lequel des deux magistrats était le juge d'instruction.

— Monsieur, dit-elle d'une voix haletante, je suis sur la trace des coupables.

— Des incendiaires?

— Oui, mais ce n'est pas seulement de leur dernier crime qu'ils auront à répondre.

— Parlez, mon enfant, dit le magistrat, parlez...

— J'abrégerai le plus possible... Hier soir, je frappai à la porte de cette maison, demandant l'hospitalité pour moi et pour Gildas, mon compagnon de voyage... Les alentours étant exploités par des gens sans aveu, le garçon de ferme Simon hésitait à nous recevoir; il consentit cependant à nous faire place dans le grenier... Je dormais déjà, quand je fus éveillée par Gildas; il avait reconnu une voix, la voix de l'homme que je soupçonne être l'assassin de mon père. Cette voix dominait celle de deux autres personnes... Il s'agissait de piller et de brûler la ferme... Simon se conduisit en homme de cœur... Nous descendîmes du grenier, Gildas et moi, cherchant l'homme à la voix maudite. L'aveugle le saisit, mais il fut blessé avant d'avoir eu du renfort, et le misérable s'échappa. Ce fut à mon tour de le poursuivre, et je viens de le retrouver en compagnie d'étameurs bohémiens et maquignons... J'ai vendu là une de mes sinistres images, elle a produit l'effet que j'en attendais... On a eu peur sans doute, car on m'a priée de me joindre à la troupe nomade... J'ai accepté, et on me croit maintenant en marche pour ramener Gildas avec moi... Venez, et dans quelques instants, Rufin le voleur, l'assassin, l'incendiaire, Rufin, dont la voix vibre encore à mon oreille, tombera dans les mains d'une inexorable justice ! Et Louis le porte-balle sera vengé.

— Vous avez reconnu l'incendiaire à la voix, soit ; mais l'assassin de votre père ?

— Il s'est troublé en regardant ceci... dit Douce qui étala devant le magistrat le dessin du Chêne à l'Image.

Puis la jeune fille alla prendre la houppelande de l'aveugle, la rapprocha du morceau d'étoffe qu'elle possédait, et ajouta :

— Voici ma preuve, à moi !

Ordre fut donné aux gendarmes de cerner le taillis.

Douce partit un peu en avant.

La troupe se partagea ; mais, quand Douce arriva au camp des bohémiens, la place était vide. On expédia des ordres de tous côtés ; on perdit du temps ; la frayeur donnait des ailes aux bandits, et leur habileté à se travestir dérouta plus d'une fois ceux qui les poursuivaient; deux hommes de la troupe, qui n'avaient pas trop à redouter les investigations de la justice, se laissèrent prendre afin de permettre à leurs camarades compromis de se mettre à l'abri. Enfin, malgré le zèle des magistrats, la piste fut perdue.

Douce reprit sa course aventureuse, seule, car Gildas épuisé entra dans un hospice, sa blessure nécessitant un traitement régulier. La jeune fille se demanda de quel côté elle se dirigerait. Elle venait d'obtenir un résultat important, quoiqu'il fût incomplet. Elle connaissait le visage de l'assassin de son père.

L'époque indiquée pour rejoindre Musaraigne n'était pas venue. Douce s'abandonna au hasard. Une grande lassitude de corps la prenait. Sa frêle organisation souffrait de ces marches forcées. Elle redoutait de mourir avant l'achèvement de sa tâche.

Pendant huit jours, elle remplaça dans une auberge la servante malade. Plus tard, elle porta au marché les légumes d'une fermière empêchée de sortir par la naissance d'un nouvel enfant. Elle se multipliait, choisissant de préférence les labeurs qui lui permettaient d'être en contact avec la foule. Elle donna un jour toute la batterie de cuisine d'une maison à étamer, afin de voir les travailleurs. Cette fois, c'étaient d'honnêtes gens; Douce, grondée par sa maîtresse, l'apaisa en payant l'étamage sur ses gages.

Une autre fois, croyant reconnaître sur la route l'enfant à qui elle avait vendu une image, elle vida sa bourse dans ses mains pour obtenir un renseignement. Elle apprit que le pauvre enfant était le sixième d'une famille de journaliers habitant une masure proche du village. Elle ne négligeait aucun indice, suivait la moindre trace, mais au moment où elle croyait se rapprocher du but, elle s'apercevait tout à coup qu'elle faisait fausse route, et que tout était à recommencer.

M. Leguével, de son côté, ne demeurait pas inactif. Il tenait à son œuvre de réparation, d'abord parce qu'elle était juste, ensuite parce qu'il comptait y attacher le plus beau fleuron de sa réputation d'avocat.

M"° Leguével s'était installée à Rennes, après le procès des Trézek. Antonin passait une grande partie de ses heures à la prison. Chaque prévenu, chaque criminel nouveau lui revenait de droit. Il plaidait plus qu'aucun autre avocat, souvent d'office, il faut l'avouer; et les honoraires de ces procès ne gonflaient guère sa bourse. Les magistrats s'intéressaient à ce jeune vaillant et le secondaient. Antonin espérait toujours que le hasard amènerait au nombre de ses clients l'auteur ou un complice de l'assassinat de Louis le porte-balle. Que de fois, sur un indice presque insignifiant, sur une parole vague, il entreprit un voyage ou s'absorba dans l'étude de volumineux dossiers! Que de fois, seul, il échafauda l'édifice d'un procès, s'improvisant tout à coup juge d'instruction et procureur impérial. Chaque semaine une lettre de Madeleine portait aux condamnés de Brest la consolation et l'espérance. La jeune fille racontait les efforts de M. Leguével, elle parlait de Douce, et louait avec l'éloquence du cœur son dévouement infatigable. De leur côté, les prisonniers répondaient de longues pages. Ils ne se plaignaient plus. Marcel était résigné à l'égal de son père. Cependant il souffrait grandement de l'abandon de Geneviève. Peu à peu cette douleur s'apaisa et s'engourdit; le mépris l'atténua; le temps en fit justice. Comme ces exilés, ces séquestrés du monde et de la famille attendaient avec impatience des nouvelles de Madeleine! Que de joies rapides s'épanouissaient dans leurs âmes pour une espérance! Que d'admiration et de reconnaissance ils ressentaient pour les amis dont la sollicitude veillait encore sur eux. Une étoile brillait dans leur nuit, une goutte de miel tombait dans leur amer calice. Ils n'avaient pas besoin de songer à limer leurs chaînes, puisqu'on travaillait à leur ouvrir les portes de cet enfer.

La foi répandait dans leurs âmes ses encouragements célestes ; l'aumônier qui n'avait pas tardé à devenir leur protecteur et leur ami, adoucissait le plus possible l'horreur de leur situation. Autour d'eux, chacun s'étonnait de leur calme, de la sérénité de leur cœur réflétée sur leurs visages. Ils avaient la foi qui opère des miracles, et l'espoir qui les attend.

Il semblait que les dévouements réunis de Douce, d'Antonin et de la pauvresse des Ormes, joints à l'activité de quelques magistrats gagnés à cette cause par M. Leguével, eussent dû promptement amener un résultat, et jeter le *fiat lux* dans cette affaire ténébreuse. Il n'en était rien cependant. Vingt fois la justice crut saisir Rufin l'incendiaire, qui atteignait dans les campagnes bretonnes la légendaire réputation des plus fameux scélérats; vingt fois, reconnaissant son erreur, elle dut se contenter de condamner quelque malheureux, pour délit de vagabondage.

VII.

La ferme du père Chérau était devenue triste. On eût dit que le malheur qui brisa la vie des Trézek se reflétait sur cette autre famille.

Marcel devait-il donc entraîner Geneviève dans sa ruine? Chérau devenait-il donc solidaire du vieux sabotier? Au village des Ormes, lors de l'assassinat du porte-balle, il se trouva bien des criminalistes affirmant sur leur tête la culpabilité du père et du fils. Deux partis se formèrent. L'un accabla les Trézek, l'autre les défendit. Les adversaires de Claude et de Marcel l'emportaient en nombre sur leurs amis, et cette situation dura jusqu'au procès. Mais une fois la condamnation des malheureux prononcée, quand les portes du bagne furent fermées sur eux, un revirement brusque s'opéra dans l'opinion. Une immense infortune attendrit toujours. On plaignit le sabotier. Les plus agressifs en vinrent à se demander si un homme jusque-là si probe, si désintéressé, était capable d'avoir assassiné son meilleur ami? On s'entretint ensuite de l'attitude de Chérau pendant le procès. On accusa Geneviève de manquer de cœur. Le fermier fut en quelque sorte rendu responsable de la condamnation de Marcel et de son père.

Car enfin, en admettant que le verdict du jury eût atteint un coupable, Marcel n'avait commis ce crime que par amour pour Geneviève, et l'orgueilleuse fille l'avait renié. On comparait son égoïsme à la conduite de Douce, qui, en face de la cour, avait donné sa propre innocence pour garant de la leur. La fille du porte-balle inspirait une touchante admiration. On parlait de ses efforts héroïques pour trouver les véritables assassins. L'existence de Musaraigne complétement changée, avait trouvé grâce devant tous. Jamais la vieille femme n'avait guéri plus de malades. Elle se multipliait, parcourant jour et nuit les campagnes, accueillant les mendiants, pansant les blessés, causant, questionnant. Elle tournait toute sa science en charité. On ne demandait jamais en vain son assistance. Qu'il s'agit d'un fiévreux ou du bétail d'une ferme, elle se dérangeait, allait, venait, distribuant sans rétribution ses onguents, ses breuvages et ses poudres.

Il existait cependant une famille, une seule, qui depuis six mois heurtait vainement à la porte de Musaraigne. Elle, si facile d'ordinaire à s'apitoyer sur le sort des fermiers frappés dans leurs récoltes ou leurs troupeaux, devenait insensible et cruelle dès qu'il s'agissait des Chérau.

Au printemps, une grêle terrible étant tombée sur les avoines, Musaraigne sortit pour se rendre compte de la gravité des dégâts. Elle adressa quelques bonnes paroles à des cultivateurs atterés et trouva le moyen de leur rendre un peu de courage. Mais quand elle arriva en face des champs de Chérau, et qu'elle vit les jeunes tiges hachées et couchées sur le sillon, elle ricana méchamment, et, levant vers le ciel ses mains décharnées, elle murmura :

— Justice ! seigneur Dieu, justice !

Chérau espérait se rattraper sur la récolte des pommes de terre : elles manquèrent complétement. Un mois plus tard, les moutons, atteints de la clavelée, se trouvaient dans un pitoyable état ; deux chevaux avaient la morve et les trois autres le farcin.

Le fermier alla trouver Musaraigne.

— Sauvez ma bergerie et mon écurie, dit-il, et je vous donnerai ce que vous voudrez.

— Je n'en sauverai mie, répondit Musaraigne ; l'or et l'argent ne peuvent rien à cela, ma science non plus.

— Vous me haïssez, reprit Chérau. Mais si je vous ai fait tort, ce tort sera réparé, je vous le jure.

— Vous avez dit *Raca* à votre frère malheureux, ce frère vous entraîne dans sa ruine.

— Suis-je responsable de la condamnation des Trézek ?

— Devant les juges, vous avez dit : « Je ne connais point cet homme; » maintenant Dieu ne vous connaît plus.

Chérau pria, supplia vainement.

— Je puis quelque chose contre certaines calamités, dit Musaraigne ; mais quand la colère céleste est sur une maison, je ne saurais lutter avec Dieu.

Alors Chérau menaça ; la vieille femme sourit.

— Je ne crains rien, dit-elle ; mais je vais vous donner un conseil : soignez vos bœufs, ils ne tarderont pas à tomber malades.

— Tu leur as jeté un sort, maudite sorcière.

— Dites cela à des juges, ils riront ! On ne croit plus à la sorcellerie !

Le fermier rentra chez lui plein de haine et de terreur.

Le soir même, le bouvier parut inquiet de ses bêtes. Le lendemain, on alla chercher le vétérinaire. Outre les bœufs malades, deux vaches étaient gonflées d'une façon inquiétante.

Chérau paraissait désespéré. Il restait immobile, les bras croisés sur sa poitrine, répétant sans cesse :

— Blé, bétail, tout y passera !

La nouvelle des malheurs successifs du fermier ne tarda pas à se répandre. Jusqu'alors cet homme avait été le plus constamment et le plus arrogamment heureux de tout le village. Chaque année son bien s'augmentait d'un bout de pré, d'un coin de bois, d'un angle de pâture. Il était devenu le marquis de Carabas des campagnes avoisinantes. Sa morgue croissait avec sa fortune. Mais sa prospérité le perdit. L'ambition de posséder croissant en lui avec la possession, on ne mit pas en vente un terrain, une bâtisse qu'il ne souhaitât l'acquérir. Il emprunta pour donner des à-compte; les intérêts dévorèrent des sommes considérables; il renouvela ses billets, porta la tête plus haute que jamais et sembla défier sa destinée. Geneviève l'imitait. A mesure que la ruine menaçait sa famille, elle devenait plus fière. L'année précédente, Chérau, trouvant une petite ferme à sa convenance, l'avait achetée en fixant l'époque du paiement à la récolte suivante. Outre son blé, il avait une bergerie si riche et un si admirable troupeau de bœufs, qu'il devait lui être facile de réaliser les six mille francs dont il avait besoin. Mais la grêle hacha son blé, les moutons moururent, les bœufs languirent, les vaches ne donnèrent pas de lait. Tout alla de mal en pis. L'usure se mêla des affaires de Chérau; son créancier était un paysan madré qui, spéculant sur sa détresse, se fit céder du foin à vil prix, prit hypothèque sur des fermes et attendit avec patience la perte totale de l'orgueilleux fermier.

L'homme le mieux informé de tout ce qui se passait aux Ormes était sans contredit Basile, le cabaretier.

Tout en mangeant leur pain bis et leur lard salé, les fermiers s'entretenaient devant lui des tribulations de Chérau.

Personne ne le plaignait; la loi du talion qui l'atteignait paraissait au contraire satisfaire tout le monde et causer une sorte d'allégement à la conscience publique. On se rappelait les duretés de Chérau avec ses débiteurs, le procès des Trézek, l'orgueil de la belle Geneviève.

— Mais si on vend les Aubiers, dit un jour un petit métayer, que deviendront les Chérau?

— Ils serviront les autres, da! n'y a-t-il point assez longtemps qu'ils font les vaniteux dans le pays.

Quelques jeunes gens entrèrent dans le cabaret, Basile versa du cidre frais, et bientôt, à leur tour, ils parlèrent des habitants des Aubiers.

— Tout de même, les gars, dit l'un d'eux, Geneviève est un superbe brin de fille, et point trop malheureux sera celui qui la prendra pour femme.

— Eh bien! moi, foi de Médéric, s'écria un autre, j'aimerais mieux Jeanne la pastoure que cette mijaurée de village! Que ferais-tu d'une femme qui songerait sans cesse à sa richesse passée, et croirait se déshonorer en aidant à ses servantes? Geneviève ne rendra jamais un mari heureux, à moins qu'il n'ait assez d'argent pour la garder à rien faire et pour lui acheter des dentelles et des bijoux.

— On ne la demande guère en mariage, dit un autre.

— Ce n'est pas le moment, à moins d'avoir envie de payer les dettes de son père. Oh! celui qui pourrait liquider la situation serait bien sûr d'être accepté pour gendre. Ce que Chérau redoute le plus au monde est de voir sa ferme vendue.

Basile, en écoutant cette conversation, se frottait silencieusement les mains.

— Tiens, dit un des buveurs, il me semble qu'il vient de ce côté, le père Chérau.

— Il veut noyer ses chagrins.

En effet, un moment après le fermier des Aubiers monta les six marches de pierre et demanda une chopine de cidre.

— Du cidre dit gaiement le cabaretier, allons donc! Vous viderez bien une bouteille de vin vieux avec moi, compère, et dans la petite salle, encore! Marcotte, cria-t-il, sers tout le monde en bas, et veille à ce que je ne sois point dérangé.

Basile entraîna Chérau.

— Ça, dit-il, quand tous deux se furent

assis, vous vous laissez vite abattre ! Pour quelques sacs de blé en moins et quelques moutons perdus, vous paraissez désespéré... Il n'y a point mort d'homme, que je sache, et vous devriez contenir vos inquiétudes, quand ce ne serait que pour empêcher les jaloux de se réjouir de vos ennuis.

— Tout le monde les connaît, dit Chérau accablé.

— Vous pensez bien que Rabot parle ; il est après vous le plus riche de l'endroit, et il aimerait assez à se débarrasser de la concurrence. Si vous tombez, il s'engraisse de vos dépouilles... et comme il a autant de vanité que d'avarice, il chante déjà victoire.

— Je suis perdu, balbutia Chérau.

— Perdu ! perdu ! parce que vous devez une grosse somme à Rabot ; sans cela...

— Sans doute, sans cela... La grêle ne détruit pas tous les ans les récoltes, j'aurai mes colzas, mes pommes, mes fruits, des foins superbes ! il s'agit d'attendre, voilà tout?

— A combien s'élève votre dette?

— Vingt mille francs.

— Vous ne réaliserez jamais cette somme, il faudra vendre.

— Vendre! vendre! A vil prix... Ensuite que deviendra ma femme, que fera Geneviève? Les Aubiers n'atteindront pas la moitié de leur valeur, si la justice se mêle de mes affaires, car Rabot se portera seul acquéreur.

— C'est exact, dit Basile.

Il garda un moment le silence, puis il ajouta :

— Si vous empruntiez de l'argent...

— A qui?

— M. Raingois, le notaire, a des fonds.

— J'ai trop hypothéqué mes terres, je ne trouverai rien.

—Tout cela est bien triste! dit Basile en manière de consolation. Mais videz votre verre quand même ; les bonnes idées sont souvent au fond de la bouteille... Quand une pensée me préoccupe, je n'emploie point d'autre remède, et je m'en trouve bien... car, tel que vous me voyez, j'ai des inquiétudes et des soucis... Je ne suis plus de la première jeunesse, ma maison est vide; j'ai beau amasser des écus, je ne m'en estime pas plus heureux. Il me semble, au contraire, que ma fortune devient lourde, faute de pouvoir en user à ma guise et la partager avec quelqu'un... Quand j'avais vingt ans, la pauvreté logeait chez moi, je ne pouvais songer à prendre femme Maintenant que j'ai réalisé de grosses épargnes, le temps est passé où les belles filles m'accepteront pour mari. Et cependant mon cœur qui n'est pas mort me répète : « Tâche de te faire aimer, puisque tu aimes! » Oui, voilà le grand mot lâché et ma confidence faite... Le vin est traître; je ne voulais confier ce secret à personne, surtout à vous...

— Surtout à moi ?

—N'avez-vous point assez de vos peines?

— Chacun son fardeau! le mien est seulement plus lourd que le vôtre.

— Plus lourd? J'ai perdu l'appétit et le sommeil du grand amour que j'ai.

— Gageons, dit Chérau, que vous n'avez pas tant seulement parlé à la fille ni au père.

— Je n'ai point osé.

— Qui peut vous retenir? demanda le fermier, qui soupçonnait peut-être déjà le fond de la pensée du cabaretier.

— Mon âge d'abord; ensuite vous savez quelle figure fait un boiteux à la danse. Mes cheveux sont gris, tant pis si mon cœur marque vingt ans! Et cependant, je vous le jure, la fille dont je suis épris serait heureuse avec moi... Mais vous qui m'encouragez, Chérau, et qui semblez croire qu'on ne me repousserait pas dans toutes les familles, que diriez-vous, cependant, si je vous demandais en mariage la belle Geneviève?

Chérau vida son verre pour avoir le temps de se remettre de la commotion qu'il venait d'éprouver. Tandis que l'espoir de salut lui revenait, il ne voulait point, en fin paysan, avoir l'air pressé de rien conclure. Répondre pour son propre compte ne l'engageait pas à grand'chose; il lui serait toujours facile de se retrancher derrière le refus de Geneviève, si celle-ci n'acceptait pas Basile pour mari.

— Pour ma part, dit Chérau, je ne verrais point d'obstacle, mais, vous savez, il faut que le fiancé plaise à la future. Si Geneviève consent...

— Je sais bien que vous ne la forcerez pas, reprit Basile, mais une fille sagement élevée pense avant tout au bonheur des siens... Ce que je ne ferais point pour un étranger, je puis le réaliser pour un parent... Moi vivant, jamais on ne vendrait le bien du père de ma femme. En me saignant un peu, je trouverais vingt mille francs... Ils vous tireraient d'embarras... Geneviève étant fille unique, je n'ai rien à craindre... et vous aimez assez votre enfant pour lui rendre une fortune aussi grosse que possible... Ce n'est pas d'aujourd'hui que je trouve la Geneviève à mon goût, et si j'ai tant tardé à vous faire connaître le fond de ma pensée, c'est que Chérau, riche et un peu fier, m'aurait infailliblement refusé pour gendre, et que Geneviève, jadis préoccupée d'autres idées...

— Un enfantillage! dit Chérau.

— J'en suis convaincu... Parlerez-vous pour moi?

— Je vous le promets... Il est bien entendu que si ma fille devient votre femme, vous désintéresserez Rabot!

— C'est convenu.

— Alors topez là! Ce soir j'aurai la réponse de ma fille; si elle est favorable, le petit pastour viendra vous prier de venir aux Aubiers... Vous comprendrez que vous pouvez y entrer en prétendant déclaré !... Si je ne vous envoie personne, c'est qu'il n'y a rien à attendre...

— Je ne vous retiens plus, dit l'aubergiste ; rentrez chez vous... je meurs d'impatience... Ne manquez pas de dire à la belle Geneviève que je lui achèterai les plus beaux bijoux que jamais paysanne ait portés.

Chérau rentra lentement chez lui.

Il tremblait que sa fille ne refusât Basile.

Dans la situation présente, la proposition du cabaretier était un coup de fortune.

L'indifférence de Geneviève à l'égard de tous les enfants du pays rassurait un peu le fermier. Il pensait, du reste, que l'orgueil était la passion dominante de sa fille. Quand elle aima Marcel, elle céda encore plus à la vanité qu'à l'entraînement. Si le fils du sabotier était pauvre, nul ne pouvait lui être comparé pour la beauté mâle, la grâce robuste. Il réalisait le type du paysan bien découplé pour la marche, courageux, hardi, gai à ses heures et parfois mélancolique. Geneviève savait que la plupart de ses riches amies l'eussent volontiers accepté pour époux; elle s'enorgueillissait de l'emporter sur toutes. Parfois, elle se prenait à rougir en prononçant son nom; la passion profonde du jeune homme remuait en elle des cordes neuves. Elle l'aima autant qu'elle pouvait aimer.

Mais à peine le malheur atteignit-il le malheureux, que Geneviève fut humiliée de cet amour, plus qu'elle n'en avait été fière. Elle souhaita qu'un brillant mariage la vengeât de cette déception. Mais, soit que ses dédains d'héritière eussent froissé bon nombre de jeunes gens, soit que Musaraigne répandît le bruit qu'une fatalité pesait sur les Aubiers, à partir de la condamnation des Trézek, aucun soupirant ne franchit le seuil de la ferme. La dot allait, du reste, s'amoindrissant; et bientôt l'orgueilleuse fille cessa d'attendre un mari. Une rage sourde s'empara d'elle. Sa beauté s'altéra. L'inquiétude de l'avenir la prit. Elle se demanda où s'arrêterait la mauvaise chance. Plus d'une fois elle songea qu'elle en serait un jour réduite à devenir servante...

Chérau devinait quelle lutte soutenait sa fille, et de quels désespoirs s'emplissait parfois son cœur. Il pensait obtenir son consentement à ce mariage, et pourtant il hésitait à entamer la conversation.

La réputation de Basile laissait à désirer. On l'accusait de faire l'usure au moins autant que Rabot le meunier. Il se montrait avare pour tous, et dur envers ses domestiques. Geneviève améliorerait-elle ce caractère? Un moment le sentiment paternel l'emporta sur toute autre considération. Chérau se dit que sa fille serait malheureuse avec Basile, et qu'il valait mieux vendre les Aubiers que de sacrifier sa fille au prix de vingt mille francs. Il fut tenté de garder le silence... Mais, après tout, Geneviève préférait peut-être de beaucoup un tel mariage à une existence précaire. Tout ce que pouvait le fermier était de ne l'influencer en rien. Quant à Rose, la mère de Geneviève, la pauvre créature n'était consultée pour rien ni par personne. Le père et la fille la voyaient chaque jour, lui parlaient, et cependant ne vivaient point avec elle en communauté de pensées. Aucun obstacle ne viendrait donc de ce côté.

Quand Chérau rentra chez lui, il trouva sa femme assise dans l'embrasure de la fenêtre, la figure cachée dans son mouchoir.

Geneviève accablée, debout près de la table, parcourait d'un œil morne des papiers timbrés que l'huissier venait d'apporter.

— Nous sommes perdus! dit-elle.
— On met la saisie? demanda Chérau.
— Oui, mon père.

— Te sens-tu prête à faire tous les sacrifices pour rester riche ?

— Tous ! répondit la jeune fille.

— Alors, rien de désespéré.

— Si vous pouviez dire vrai ! s'écria-t-elle.

— Un homme qui t'aime depuis longtemps offre de me prêter vingt mille francs dont j'ai besoin. Il possède plusieurs maisons dans le village, deux métairies et un bon commerce... Il n'est ni beau, ni jeune, mais il te fera donation complète de son bien...

— Il s'appelle ?

— Basile le cabaretier.

Geneviève regarda fixement son père. Le fermier baissa la tête.

— Que me conseillez-vous ?

— Rien !

— Je vous remercie, mon père; vous auriez pu m'intimer un ordre. Si on vend la ferme, nous sommes déshonorés, ruinés ; nous manquons de bétail, les valets nous quittent... Ma mère et moi, nous serions bientôt réduites à mendier... Je suis née riche, et riche je mourrai... Vous pouvez regarder Basile comme votre gendre.

Elle dit ces mots si froidement que Chérau sentit son cœur allégé.

Quant à Rose, elle quitta vivement sa place, et saisissant les mains de sa fille :

— Je ne veux pas d'un tel mariage! s'écria-t-elle. Sur mon salut, je m'y oppose! Il faut aimer l'homme que l'on choisit pour compagnon de sa vie. Qu'importe plus tard si la souffrance arrive... Le mariage n'est pas un pacte d'argent. Vous ne pouvez aimer Basile, donc vous ne pouvez l'accepter pour époux.

— Je promettrai de lui demeurer fidèle, dit Geneviève, voilà tout!

— Ce n'est pas assez, répliqua Rose. Chérau, je t'en supplie, songe au bonheur de ton enfant ; la ruine est préférable à la vie que lui fera cet homme.

— Je puis tout souffrir, excepté la misère, dit Geneviève. Je garde plus de confiance que vous dans l'avenir, ma mère. Je vous en conjure, ne vous opposez pas à la volonté de mon père, qui est aussi la mienne... Je ne me sacrifie point, et s'il y a du malheur dans cette union, je l'accepte d'avance.

— Ma fille ! ma pauvre fille ! dit Rose en fondant en larmes.

Sa douleur demeura impuissante ; le soir même, Basile entrait aux Aubiers ; il fut convenu que dès le lendemain le cabaretier verrait Rabot, et prendrait ses papiers à la mairie. On mènerait simultanément deux affaires, le mariage et les purges d'hypothèques. Basile fit un voyage à Rennes, en rapporta des bijoux et une robe de soie pour sa promise. Les fiançailles de Basile et de Geneviève ne surprirent personne. On n'aimait pas assez la jeune fille ni le cabaretier pour s'attrister à l'avance des chagrins qui les menaçaient.

Geneviève méritait un tel mari pour avoir si lâchement abandonné la cause de Marcel. Basile serait le châtiment de sa vie.

En attendant, on s'enquérait des changements apportés dans l'auberge. On vantait la magnificence de la chambre de la future. Les meubles achetés à Vitré émerveillèrent tout le monde. Les couturières de dix lieues à la ronde confectionnèrent le trousseau.

Geneviève veillait à tout, s'occupait de tout. Elle surveillait les ouvriers dans la maison de Basile, et faisait bouleverser le jardin. Elle entendait vivre en dame et en maîtresse, régnant sur un petit monde de serviteurs et même sur son mari. A l'égard de Basile, elle n'affecta point une tendresse qui était loin de son cœur. Le cabaretier lui sut gré de cette franchise. La passion qu'il ressentait pour elle, passion latente, sourde, contenue, exaltée par la solitude et le silence, avait une force en elle-même. Basile croyait au pouvoir de cet amour absolu. Il ne pensait pas qu'une fois devenue sa femme, Geneviève y restât insensible. Sans parler de ses sentiments, il les traduisait de mille manières. Tous ses actes indiquaient une pensée unique, une préoccupation constante. Il voulait plaire à la fille de Chérau. Geneviève répondait à ces prévenances par un remercîment froid, et une seule fois elle serra cordialement la main de Basile, au moment où il remit à Chérau les vingt mille francs qui le libéraient de sa dette.

Le matin du jour fixé pour le mariage, Geneviève était dans le jardin et cueillait un bouquet. Sa toilette, préparée à l'avance, couvrait une partie des siéges de la salle basse. Elle avait voulu que la bénédiction nuptiale fût donnée à midi, comme dans les villes. Rose s'habillait lentement. Chérau s'entretenait avec Basile. Pour la dernière fois, Geneviève se trouvait seule, et elle songeait. Ses amies lui avaient envoyé une couronne et des fleurs pour son corsage. Sa corbeille d'artisane eût fait pâlir les plus riches héritières des environs ; et cependant une sourde douleur remplissait l'âme de Geneviève. En ce moment l'image de Marcel se dressa devant elle. Geneviève compara le jeune homme qu'elle avait connu gai, confiant et beau, à ce misérable bancal qui s'entretenait avec son père. Elle ne voyait plus le galérien dans Marcel, mais le fiancé aux longs cheveux noirs, aux yeux étincelants, à la parole vibrante. Plus elle faisait d'efforts pour chasser cette pensée, plus le souvenir se faisait vivant, obsesseur. Agitée, nerveuse, Geneviève effeuilla le bouquet qu'elle venait de cueillir, et poussa un soupir plein d'angoisse.

— Geneviève ! dit une voix cassée, Geneviève ! je t'apporte mon présent de noces... des soucis d'or et une branche d'épine noire, un rameau de cyprès et des scabieuses... Les soucis sont pour le deuil de ton cœur... l'épine pour le coup qui te menace... les scabieuses pour ton veuvago... et le cyprès pour ton suicide...

Geneviève écoutait terrifiée.

— Prends ce bouquet, ajouta la voix, place-le à ton côté : sur mon âme, avant le jour des Morts, tout ce que je viens de te prédire se réalisera...

— Allez-vous-en ! sorcière de malheur ! dit enfin Geneviève. Après avoir aidé par vos maléfices à la ruine de ma famille, me poursuivrez-vous à mon tour ? Cela est infâme, Musaraigne, infâme !

— Ce qui est infâme, c'est de trahir, répondit la vieille femme ; ce qui est infâme, c'est d'épouser un homme que l'on méprise... Je suis sans haine contre toi et contre ton père... Il est temps encore de repousser une union que Dieu ni les hommes ne sauraient bénir... Dis ce mot, si tu ne veux pas que le sang versé retombe sur ta tête.

— Laissez-moi ! laissez-moi !... répéta Geneviève. De quel droit défendez-vous un homme condamné par la justice ? De quel droit venez-vous crier : Malheur! à une fiancée? J'ai donné ma parole, je la tiendrai. J'ai sauvé à ce prix mon père de la ruine... Mais ne devrais-je pas rire de vos prophéties au lieu de m'en tourmenter? Oui, en vérité, je ferais mieux d'en rire...

Geneviève regarda Musaraigne, et voulut sourire en effet; mais le regard de la vieille femme lui perça l'âme comme un fer de lance. Elle se sauva dans la maison, honteuse et tremblante, s'habilla rapidement, puis descendit dans la salle. Ses parents l'attendaient. L'émotion qu'elle venait de ressentir colorait son visage, elle était réellement charmante.

Un instant après, elle suivait le chemin de l'église.

Sous le porche, elle trouva Musaraigne.

La vieille femme tenait à la main son bouquet funèbre, et répétait :

— Le souci pour la peine... l'épine noire pour le coup mortel... la scabieuse pour le veuvage... et le cyprès pour le suicide...

Un matin, un homme couvert de haillons, et dont l'œil droit disparaissait sous un large emplâtre, entra dans le cabaret de Basile, et s'installa à une table, en ayant soin de rester dans l'angle le plus obscur de la salle.

Geneviève se tenait au comptoir. Marcotte rangeait la vaisselle et servait les pratiques. A la vue du chaland déguenillé, Geneviève ne put s'empêcher de faire un mouvement de mécontentement.

— Du vin ! dit l'homme à la servante, et tordez le cou à un poulet de basse-cour.

— Un poulet ! répondit Marcotte, oui-da ! votre bourse est donc joliment garnie?

L'homme frappa sur la table avec son gourdin et répéta :

— Un poulet et du vin ! faites vite !

Marcotte s'approcha de Geneviève pour prendre ses ordres.

— Pardon, dit le voyageur en s'approchant du comptoir et en s'adressant à Geneviève, êtes-vous la maîtresse du logis?

— Je suis la femme de Basile, répondit l'aubergiste.

— Alors, je voudrais parler à votre mari, si cela est possible.

— Basile est absent et ne rentrera pas avant ce soir.

— J'attendrai; qu'on me serve... Ah! vous êtes la femme de Basile, et vous vous appelez Geneviève, la belle Geneviève...

— Oui, répondit-elle machinalement.

— Allons! dit l'homme, cela valait le prix!

— Vous avez dit que vous attendiez mon mari, reprit la jeune femme, blessée de la façon insolente dont le voyageur la regardait, mais cependant vous ne passerez pas tout le jour...

— Dans cette salle... comme vous voudrez... Faites-moi donner une chambre, alors; j'ai bon caractère.

— Vous pourriez bien vous promener

un peu dans le pays, ajouta Marcotte.

— Ceci, mon enfant, est une autre affaire. Basile est mon ami, et ne souffrirait pas qu'on me fît un affront... Je te conseille de te montrer aussi affable que ta maîtresse.

— Comment vous nommez-vous? demanda Geneviève; je serais bien aise de me rappeler certains détails vous concernant... Si vous êtes l'ami de Basile, il ne peut avoir manqué de me parler de vous...

— Je ne pense pas qu'il vous entretienne jamais des affaires que nous avons conclues ensemble... On a beau, voyez-vous, avoir grande confiance dans sa femme, certains secrets ne lui sont jamais livrés.

Sans savoir pourquoi, Geneviève se sentit prise de peur.

Elle n'osa plus rudoyer le vagabond, ni lui refuser le déjeuner qu'il demandait. Son regard interrogeait furtivement le visage du voyageur et ne lui rappelait aucun souvenir.

Marcotte servit au bout d'une heure le poulet le plus maigre qu'elle eût trouvé dans la basse-cour.

Le vagabond regarda de côté la volaille efflanquée, le rouge-bord, et dit entre ses dents.

— Basile ne me soignerait pas si mal.

Il déjeuna lestement, tira ensuite une pipe de sa poche et se mit à fumer.

Geneviève cousait sans lever les yeux.

Les servantes durent bientôt s'occuper de deux rouliers et de trois marchands forains. Ceux-ci prirent place à l'extrémité de la grande table et se mirent à causer.

— Viens-tu dans ce pays pour la foire, Joliot? demanda le plus jeune des marchands.

— Eh sans doute, Pierret; la vente baisse dans les campagnes, il faut se rattraper sur les marchés et les assemblées... Depuis quinze jours on dirait qu'un mauvais sort me poursuit. Je n'ai pas vendu un seul mouchoir de Cholet. Autrefois on nous recevait comme des amis dans les métairies. Les garçons choisissaient des cravates, les jeunes filles des fichus. On vantait gaiement sa marchandise; les fermiers vous payaient de bon cœur... Maintenant on a peur du plus loin qu'on aperçoit un porte-balle... Chez les Laloue, par exemple, une maison où j'aurais dû vendre pour vingt francs, on ne m'a pas même entre-bâillé la porte.

— Les routes sont infestées de voleurs, reprit Joliot... Du reste, les Laloue ont été assez rudement éprouvés par le feu et par le pillage.

— Est-ce qu'on n'est pas sur la trace des incendiaires? demanda un des rouliers.

— Quatre étameurs ont été arrêtés, mais on a dû les relâcher faute de preuves.

— Vrai! on conterait cela dans les livres, ajouta Joliot, qu'on refuserait de le croire... Un aveugle jure que s'il entendait parler le coupable, il le reconnaîtrait à la voix... Et cette jeune fille pâle qui vend l'image représentant l'assassinat de son père, l'avez-vous rencontrée, Pierret?

— Plus d'une fois; quand je me la rappelle, j'ai le frisson...

— Sans compter ce qu'on dit du Chêne à l'Image, reprit Joliot.

— Et que dit-on de la Vierge au Chêne?

— J'ai entendu affirmer que chaque nuit, quand le clocher sonne ses douze coups, la statue quitte sa niche, descend dans le pré, et vient sur le bord de la route attendre le meurtrier de Louis le porte-balle.

Le vagabond fit entendre un long éclat de rire.

— Vous ne croyez pas cela, vous? demanda Joliot.

— Non, pardine! répondit l'homme à l'emplâtre, et il faut être bien couard...

— Je ne suis pas poltron, s'écria Pierret, mais n'empêche, après ce qu'a dit Joliot, je ne me hasarderais point la nuit sur une telle route.

— Puisque la justice humaine se trompe quelquefois, objecta Joliot, Dieu peut bien reviser ses arrêts... On n'est pas déjà si sûr de la culpabilité des Trézek...

Les rouliers se rapprochèrent et causèrent plus bas, comme pour faire comprendre au vagabond qu'ils ne voulaient point s'entretenir avec lui. Malgré cela, de temps en temps, il lançait un mot plein de sarcasme. Geneviève tremblait qu'il n'excitât sérieusement la colère de ses pratiques. L'heure s'avançait; Basile ne rentrait point. Le vagabond commanda son dîner avec la même aisance que, le matin, il avait mis à faire son menu, et il discutait avec Marcotte certain détail culinaire, quand le cabaretier parut sur le seuil.

Les marchands, qui devaient coucher à l'auberge, jouaient paisiblement aux cartes ; les rouliers venaient de partir.

Geneviève se leva vivement en apercevant son mari.

Elle lui parla bas en désignant le vagabond.

Une maigre chandelle brûlait devant l'homme à l'emplâtre et ne parvenait pas à dissiper l'obscurité.

Le cabaretier s'avança jusqu'au voyageur et lui dit brusquement :

— Vous voulez me parler? Qui êtes-vous?

— C'est comme cela qu'on aborde un ami! s'écria le vagabond avec un gros rire, ah ! Basile, la fortune t'a gâté...

— Je ne vous connais pas... dit l'aubergiste.

Le vagabond ôta rapidement l'emplâtre qui lui cachait la moitié du visage.

Basile recula comme s'il eût aperçu un spectre.

— Vous ici ! dit-il, vous ici ?

— Allons une poignée de main, s'écria le vagabond, et répète à ta femme que je ne mentais point en assurant que nous nous connaissons de vieille date, et que tu serais aussi surpris qu'enchanté de me voir.

— Surpris... enchanté... balbutia Basile.

— J'ai demandé à dîner, tu dois avoir faim ; si je t'invitais... chez toi, dans ton auberge, ce serait drôle... Nous avons à causer, si tu as quelque pièce réservée aux intimes.

Basile entraîna le vagabond.

Pendant que Marcotte prépara la table, les deux hommes n'échangèrent pas un mot.

Lorsque tout fut prêt, Basile renvoya la servante, poussa le verrou, et laissant éclater sa colère :

— Que viens-tu faire ici ? demanda-t-il.

— Mon Dieu, c'est bien simple, j'avais envie de te voir... Je te suis attaché plus que je ne le pensais moi-même... Le mal du pays m'a pris... Je me suis dit : Allons serrer la main d'un ami, et lui rappeler les bonnes heures passées dans son cabaret.

— Enfin ! dit Basile, l'imprudence est commise, il s'agit de la réparer. Nous dînerons ensemble, et demain, avant le jour, tu me diras adieu.

— Demain ! comment, tu souffrirais que je te quitte demain ? Tu crois que mon affection se contentera d'une soirée ? Non pas, ami Basile ; depuis deux ans, je cours les chemins, je vagabonde, je pâtis, je souffre... J'ai besoin d'un peu de repos et de calme... Ta maison est grande, tu me logeras quelque part, n'importe où, dans le grenier si tu veux.

— C'est impossible ! nous sommes à la veille de la foire, et l'auberge est pleine.

— Aurais-tu le courage de me chasser ?

— Je te rappellerai ta promesse.

— Quelle promesse.

— Celle de ne plus paraître aux Ormes.

— Je l'ai tenue assez longtemps pour m'en croire dégagé... N'es-tu pas le mari de Geneviève ? L'impunité n'est-elle point assurée au passé ? Que redoutes-tu ? Rien et personne. Un seul homme pourrait te nuire... moi !... et je suis ton ami ; donc tu peux être tranquille. Je sais bien qu'à ma place plus d'un dirait : Il n'y a pas de justice et d'égalité entre nous ; te voilà riche, ta femme est belle, tout le monde te porte envie... Moi, efflanqué comme un chien errant, je dispute chaque jour ma vie au hasard ; je la mendie et je la gueuse. Tandis que tu dors dans une maison bien close, j'erre par les chemins, couchant dans un paillis, au fond d'un fossé..., mangeant l'os qu'on me jette ou la volaille que je dérobe... Tu entasses des écus, je m'estime heureux quand on me donne un sou... Si j'ai faim, si j'ai soif, il faut de l'argent ; je risque le bagne et l'échafaud pour m'en procurer... Eh bien ! admettons que je devienne jaloux de toi, en comparant nos deux destinées, je ne manquerais pas alors de te dire : — J'ai droit à la moitié de ton bonheur, je la réclame, je l'exige...

Le vagabond s'était levé ; il avait prononcé les derniers mots avec une telle violence que Basile lui saisit le bras :

— Tais-toi, malheureux ! dit-il ; tais-toi, on pourrait t'entendre...

— Ah ! ah ! répondit le mendiant en éclatant de rire, ah ! ah ! tu as peur... Par ma foi, Basile, tu as peur ! Et cependant je faisait une supposition, une simple supposition... Je te disais ce que pourrait trouver dans sa cervelle perverse un homme qui, oubliant ton amitié, ta générosité, spéculerait sur ta terreur.

— De la terreur, moi ? dit Basile.

— Mais elle serait fort naturelle, si tu avais affaire à un méchant diable. Il n'y a point de prescription, que je sache... et après les deux ans de bonheur que tu viens de passer avec Geneviève, on pourrait t'enlever à la fois, ta femme, ta fortune et peut-être la vie...

— Tu viens de répéter que tu es mon

ami, dit Basile, il s'agit de me le prouver. De mon côté, je ne serai point ingrat... Tu n'es pas heureux, je le vois, je viendrai à ton aide...

— Excellent ami ! cher Basile !

— J'ai vingt écus dans un coin de l'armoire ; ma femme ignore l'existence de cette épargne, je te la donnerai.

— Tu me sauves la vie.

— Va, va, tu ne me connais pas encore...

— Oui, tu me sauves la vie... mais seulement pour quinze jours.

— Plus tard je ferai mieux. Tu partiras demain, n'est-ce pas?

— Je partirai, mais pas si vite ; je serais sûr de tomber dans la gueule du loup... On me poursuit.

— Pour vagabondage?

— Pour vol et incendie.

— Ainsi, l'affaire de la métairie Laloue...

— J'étais sans pain !

— Mais, malheureux, ce n'est pas de-

12.

main qu'il faut fuir, c'est tout de suite!

— Mon signalement est donné, on m'arrêterait. Le plus simple et le plus habile est de rester ici et d'affronter l'œil des gendarmes. Sois tranquille, j'ai vécu avec les romanichels, ils m'ont appris l'art de me rendre méconnaissable.

— Il faut partir! répéta Basile épouvanté, partir cette nuit; tu ne saurais manquer d'être reconnu demain.

— Oh! pour cela, je déficrais tes propres yeux... Tout ce que je puis faire est d'attendre aux Ormes l'arrivée de mes anciens compagnons les bohémiens et les étameurs, de me mêler à leur troupe, et de m'en aller avec eux.

— C'est reculer pour mieux sauter... Tu devrais partir pour l'Amérique.

— C'est une idée, cela! Je ne demanderais pas mieux que de la mettre à exécution... Le difficile est de payer la traversée...

— Si tu avais assez d'argent pour cela.

— Je m'expatrierais.

— Je ne possède que vingt écus! murmura Basile.

— Renonçons donc à cette pensée... D'ailleurs, au fond, j'aime autant rester dans ma patrie... On est Français avant tout...

— Oh! la patrie pour toi...

— Eh bien! c'est ce qui te trompe, on est mendiant, filou, assassin, mais patriote!

— Combien te faudrait-il? demanda le cabaretier.

— Pour aller en Amérique? Mille francs.

— Mille francs, plus cher que...

— Je ne travaille plus au même prix.

— Ah! si Geneviève les avait, ces mille francs!

— Elle les aura!

— Et si tu me promettais...

— Je te le jure! parole d'ami.

— Finissons de dîner, dit Basile, nous verrons après.

Tous deux mangèrent en silence.

Aucun de ces hommes n'était dupe de l'autre. Mais Basile ne voulait pas avoir l'air de trembler, et il répugnait à Rufin d'employer tout de suite l'intimidation. De temps en temps ils se jetaient des regards défiants, haineux. Mais si le vagabond surprenait Basile pendant que celui-ci le dévorait des yeux, le cabaretier s'efforçait de grimacer un sourire.

Quand les deux complices eurent achevé leurs trois bouteilles de vin, Basile dit à son complice :

— Attends-moi, je vais parler à ma femme.

Il sortit. Mais, au lieu de se rendre dans la salle où les consommateurs se tenaient et où trônait Geneviève, il gagna un appentis sombre, monta au sommet d'une échelle, fouilla dans une poutre creusée, en tira un coffret, puisa dans la boîte cinquante louis, la remit à sa place et s'assit sur un fagot de bruyère.

— Lui donner tant d'or ! murmura-t-il,

mille francs ! et ne pas savoir... Il est revenu une fois, qui m'assure qu'il ne reviendra pas une seconde ? Si je le dénonçais... Au premier mot il parlerait... C'est égal, je conseillerai aux gendarmes de faire bonne garde pendant la foire... Le misérable ! comme il abuse de ma situation... Par exemple, qu'il ne revienne pas! qu'il ne revienne jamais ! Sans cela...

Il se leva et rejoignit Rufin.

— Voilà, dit Basile ; et maintenant, adieu pour la vie !

Rufin secoua la main du cabaretier, enfouit l'or dans sa poche, puis, précédé de son complice, il traversa la grand'salle. En passant devant Geneviève, il salua et sourit.

Peu après les buveurs disparurent.

L'aubergiste et sa femme demeurèrent seuls.

Basile s'approcha de la table, et but un grand verre d'eau-de-vie. Geneviève passa dans la chambre commune.

Elle regarda son mari avec une sorte d'anxiété. Le malheureux venait de tomber sur un fauteuil ; écrasé par la lutte subie et par la violence qu'il avait dû s'imposer, il éprouvait le besoin de dégonfler son âme. Cet homme de boue eût voulu pleurer... Il comprenait, pour la première fois, que sa femme, cette Geneviève qui enlevait en ce moment les épingles d'or retenant sa coiffe de dentelle, était sa compagne, et point son amie ; qu'associée à sa vie, elle ne la partageait pas ; que, s'il eût crié pardon et merci, elle n'eût pas trouvé un mot pour le soutenir et le consoler... Et cependant, à cette heure, sous le coup d'une épouvante trop justifiée, il éprouvait l'impérieux besoin de crier : — « J'ai peur » — et de montrer du doigt le fantôme qui l'effrayait.

— Qu'avez-vous ? lui demanda Geneviève. Est-ce le regret de quitter votre ami qui vous agite à ce point ? Singulière connaissance que celle-là ! Sous le porche de l'église on ferait l'aumône à ce vagabond; mais le soir dans un chemin creux, on le redouterait comme un voleur.

— Geneviève, ne raillez pas ! dit Basile; je souffre !

— Faut-il que Marcotte prévienne le médecin.

— Je n'ai que faire de ses ordonnances... Il me semble que mon cœur se gonfle dans ma poitrine... Si je mourais là, devant vous, à cette heure, me regretteriez-vous plus que la linotte qui s'envola la semaine passée !...

— Que trouvez-vous à reprendre dans ma conduite? demanda Geneviève. Je gouverne avec ordre votre maison, et jamais la médisance ne m'a mordue. Je fuis les assemblées et je passe ma vie dans cette auberge. Je ne remplis que mon devoir, je le sais, mais je le remplis complétement... Lorsque vous m'avez épousée, vous êtes-vous enquis des dispositions de mon cœur ?... Chérau avait besoin d'argent, vous me souhaitiez pour femme... En vous acceptant pour mari, je sauvais mon père de la ruine... Qu'ai-je promis que je n'aie tenu ? Ce soir poussé par je ne sais quelle folie, vous me demandez si je vous regretterais en cas de mort, si je vous aime... Il n'a guère été question d'amour dans mon contrat... Depuis notre union, vous me gardez comme un avare garde un trésor... Je ne me plains même pas de votre jalousie... Un accès de sensibilité vous prend à la suite d'un souper... Vous voulez que je vous plaigne, que je compatisse à vos souffrances... pour cela il faudrait m'apprendre....

— On peut toujours plaindre celui que dévore un chagrin.

— Quelle est la cause de ce chagrin ?

— La cause ? Vous ! toujours vous !... Je vous ai aimée, je vous aime toujours avec folie, comme je peux aimer... Je vous ai voulu pour femme, à tout prix...

— Vingt mille francs! dit tranquillement Geneviève.

— Oui, tu comptes cette somme seulement... la dette de Rabot; mais ce sacrifice n'est rien auprès de l'autre... C'est ma santé, ma vie que j'ai données; c'est ma conscience que je t'ai vendue... Et tu ne saurais m'aimer comme je t'aime!... Si ma fortune croulait, si mon nom se trouvait compromis, si tout d'un coup je roulais dans l'abîme, tu me fuirais comme un homme atteint de la peste... Geneviève! Geneviève! dis-moi que jamais tu ne te sépareras de moi. On ne sait pas, vois-tu... la vie est faite de jours mauvais qu'il faut subir... J'ai gagné trop d'argent, j'ai eu trop de chance, je paierai tout cela! Quelquefois les hommes sont injustes... Il suffit d'un méchant propos pour ruiner une réputation... Si on m'accusait, si la justice... car enfin la justice se trompe quelquefois...

Geneviève frissonna; le souvenir de Marcel lui revint.

Basile continua :

— Si la loi me demandait raison d'une chose inouïe, d'un fait horrible, que ferais-tu, Geneviève? Dis, que ferais-tu?

Sans qu'il fût possible à la jeune femme de se rendre compte pourquoi, la menace de Musaraigne retentit à son oreille; elle se rappela ces paroles: « La scabieuse pour le veuvage, le cyprès pour le suicide... »

Elle répondit sans regarder son mari :

— Pour épargner à mon père et à moi la honte de déchoir dans l'estime des gens du pays, j'ai consenti à devenir votre femme : pour éviter d'être déshonorée par votre châtiment, juste ou injuste, je me tuerais...

— Personne autour de moi, personne! dit le cabaretier.

Il cacha son front dans ses mains, et poussa une sorte de râle sourd.

Le lendemain matin, Basile paraissait vieilli de dix ans.

Ses yeux inquiets surveillaient curieusement tout le monde.

Il tremblait comme un fiévreux.

Geneviève dut seule veiller à l'approvisionnement de la maison. L'atonie de Basile l'écœurait. Elle le méprisait pour sa faiblesse de la veille. Depuis l'aube les servantes étaient debout. C'était jour de foire aux Ormes. Les tables cirées brillaient au soleil, la vaisselle peinte réjouissait l'œil, les plats d'étain donnaient appétit.

Le bœuf entouré de persil, le lard rôti, les poulets dorés au feu excitaient la convoitise. La mousse du cidre riait dans les pots. Autour de l'auberge on menait grand bruit. A chaque anneau de fer scellé à la muraille s'attachaient les brides des chevaux et des ânes. Les charrettes encombraient la cour. La salle se remplissait.

On se disait bonjour avec de gros rires. Les paysans se frappaient dans la main. On ébauchait des trafics; on discutait le prix des bestiaux et la cote du blé. Les marchands déballaient leurs fichus de toile et de soie, leurs éventaires de mercerie,

Les bateleurs commençaient la parade ; les faiseurs de tours préludaient à leurs exercices. Un charlatan faisait moudre l'air le plus nouveau à son orgue de Barbarie, tandis qu'il préparait ses fioles et ses opiats. Dans une baraque, derrière le rideau, un saltimbanque battait deux enfants volés, pour les forcer à entrer dans la peau d'un ours. Les cornets à pistons, les appels : « Suivez l'monde ! » les boniments des paillasses, les cris des estropiés, la mélopée des chanteurs de complaintes se confondaient dans un horrible vacarme.

Quiconque aurait attentivement examiné le charlatan habillé en Hongrois, lui eût trouvé une ressemblance au moins bizarre avec le mendiant qui, la veille, recevait mille francs de Basile pour passer en Amérique. Mais le cabaretier était trop absorbé dans ses pensées, et en même temps forcé de répondre à trop de gens à la fois, pour garder le temps de parcourir la longue file formée par les baraques.

Le boniment du Hongrois, appuyé des certificats des principales cours de l'Europe, attira autour de la voiture un grand nombre de curieux.

Pendant que l'empirique comptait les têtes couronnées qui l'honoraient de leur confiance, Musaraigne parut, appuyée sur e bras de Douce.

La jeune fille tenait à la main un rouleau d'images, et répétait :

— Qui veut, pour un sou, la représentation véritable du Chêne à l'Image, et le portrait de Louis le porte-balle assassiné ?

Le Hongrois reprenait :

— Le remède que je vous offre guérit de la névralgie, de la goutte, de la dyspepsie, de l'anémie, des asthmes et de la morsure des vipères... Il remplace avantageusement la douce Revalescière Du Barry et la pâte de Regnault... Et tandis que les pharmaciens de la capitale ruinent leurs nobles malades avec des remèdes de mie pain et avec des dilutions insaisissables, moi, bienfaiteur de l'humanité, je livre mon spécifique pour la somme modique de dix centimes, deux sous en pilules ! et quinze centimes en fioles !

Vingt bras se tendaient vers le charlatan.

— Le portrait de Louis le porte-balle, assassiné en présence de la Vierge ! répétait Douce en élevant ses images.

Le Hongrois jeta un regard effaré autour de lui.

Ses yeux tombèrent sur la jeune fille et croisèrent son regard, fixe et froid comme une lame d'épée.

Douce appuya sa main sur le bras de Musaraigne, et la força à regarder dans la même direction.

— C'est lui ! dit Douce, j'en suis sûre !

Elle se fraya rapidement un passage à travers la foule.

Le charlatan, harcelé de demandes, quitta sa place et rentra dans la partie fermée de la voiture, sous prétexte d'y prendre les pilules et les bouteilles demandées.

Un homme assis dans la chambre étroite se leva à son aspect.

— Du nouveau? demanda-t-il.

— Vite! dit le charlatan, endosse ma défroque et finis la vente... Le pays est malsain.

Pendant que l'homme revêtait la redingote à brandebourgs, le charlatan jetait une limousine sur ses épaules, enfonçait un chapeau sur ses yeux, descendait de la voiture, la tournait, faisait une trouée au milieu des curieux, et agitait la main au-dessus des têtes, au moment même où le faux Hongrois apparaissait :

— Quatre bouteilles pour moi! dit-il, on est malade à la maison....

— Quatre bouteilles ! répliqua le charlatan en clignant de l'œil, je n'en vends qu'une à la fois ; pour les commandes venez ce soir me trouver au *Bouchon de Illoux*.

— C'est bon ! répondit l'homme à la limousine, qui disparut.

Le charlatan épuisa ses fioles. L'orgue reprenait l'air de *Marco*, quand Douce revint. Deux gendarmes la suivaient.

— Et bien ! demanda l'un d'eux à Douce, êtes-vous sûre de le reconnaître?

La jeune fille leva les yeux sur le Hongrois..., tout à coup, elle pâlit affreusement.

— Ce n'est plus le même! dit-elle atterrée.

— Pauvre enfant ! murmura le brigadier à l'oreille de son camarade... Elle a trop souffert, la tête n'y est plus...

— Je l'ai vu ! je le jure ! dit Douce à Musaraigne.

Puis, se sentant faiblir :

— Emmenez-moi ! dit-elle, je me meurs...

La vieille femme retrouva sa vigueur d'autrefois, enleva Douce dans ses bras, et, gravissant les marches du cabaret de Basile, la déposa sur un banc.

— De l'eau et du vinaigre ! dit-elle d'une voix tremblante.

Geneviève se leva, prit une carafe, et s'approcha de la jeune fille évanouie. Quand elle la reconnut, elle poussa un cri :

— Que venez-vous faire ici? demanda-t-elle à Musaraigne. Emmenez cette jeune fille, je ne veux pas qu'elle reste un instant chez moi...

Une clameur générale s'éleva dans le cabaret, et tous les buveurs s'écrièrent...

— C'est une inhumanité... On ne peut pas la laisser mourir! Nous paierons sa dépense !

— Pardieu! dit un jeune garçon, elle vend des images, achetons-en ! Allons! la main à la poche ! Eh! vous autres, les sous dans les gobelets... Nous sommes quinze, voilà trois francs... Et nous en donnons une à la cabaretière.

Le garçon prit une épingle et fixa l'image à la muraille.

Pendant ce temps, Douce revenait à elle.

— Allez-vous mieux, jeune fille ? demanda un roulier.

— Oui, merci, répondit Douce ; la chaleur, la fatigue... Je suis guérie maintenant... Venez, Musaraigne, venez... Merci à vous tous, bonnes gens ! et que Dieu vous le rende.

— Hé ! père Basile, dit un jeune homme à l'aubergiste, venez voir quel beau cadeau je viens de vous faire...

Mais à peine le cabaretier eut-il jeté un regard sur l'image, qu'il bondit, l'arracha, la déchira en mille pièces, et fixant des yeux hagards autour de lui :

— Qui a voulu me provoquer ? demanda-t-il, qui peut dire ?...

— On peut dire que vous n'aimez pas les images, toujours ! répliqua le roulier, et ajouter que la maîtresse n'est guère pitoyable aux malheureux... Voici notre compte et celui de l'enfant, père Basile ; vous êtes bien heureux que votre auberge soit la seule du pays...

Le cabaretier ne répondit rien. Il s'enfuit dans la salle, et courut s'enfermer dans la chambre où, la veille, le mendiant soupait avec lui...

Musaraigne ramena Douce dans la chaumière. La pauvre enfant faisait pitié. Tant de courses, de fatigues, de souffrances morales, de démarches usaient ses forces. Elle se demanda dans le fond de son âme si elle n'entreprenait point une tâche inutile. Comment une enfant pouvait-elle lutter contre la justice ? Dieu d'ailleurs ne voulait peut-être pas bénir son œuvre, parce qu'elle était entachée d'égoïsme. Douce pouvait-elle jurer qu'elle n'était guidée par aucun intérêt personnel ? Avait-elle fait abnégation complète de son bonheur ? Quand elle prononçait le nom de Marcel, ne songeait-elle point vaguement qu'en apprenant à qui, plus tard, il serait redevable de la liberté, il offrirait cette liberté à sa libératrice? Geneviève mariée était à jamais perdue pour lui. Son cœur, privé de joie et d'affection, se tournerait avidement vers ceux qui l'auraient soutenu pendant sa lutte cruelle contre la destinée. Ne gardait-elle point un auxiliaire puissant dans Trézek? Ne croirait-il point obéir au dernier vœu du porte-balle en conseillant à Marcel d'épouser Douce? La pauvre fille, brûlée de fièvre, hallucinée, voyait passer devant elle, dans son délire, tantôt le dormeur de la forêt, tantôt l'homme à la houppelande rouge, tantôt le charlatan habillé en Hongrois.

Elle appelait tour à tour et repoussait Marcel Trézek. Elle renonçait à son œuvre ou jurait de la poursuivre avec enthousiasme. Elle implorait Musaraigne, demandait grâce à Geneviève, puis, quand elle retrouvait sa lucidité, elle s'accusait de manquer de courage. La vieille femme se multipliait au chevet de la malade. Elle l'entourait de soins maternels. Madeleine, appelée par l'abbé Rameau, vint passer quelques jours chez la pauvresse. D'abord Douce ne la reconnut pas; mais quand elle fut certaine d'avoir sa meilleure amie près d'elle, elle lui jeta ses bras caressants autour du cou.

— Ma sœur! dit-elle, ma sœur!

— Et la sœur ne te quittera point avant une entière guérison.

— Vrai! dit Douce; ce n'est pas le courage qui me manque, mais la force... Deux fois j'ai cru toucher le but... Il y a huit jours, je te le jure, j'ai vu le meurtrier de mon père... je l'ai vu... Gildas connait sa voix et moi son visage... Eh bien! à l'heure où je criais : Venez! arrêtez-le! il m'échappait... Je mourrai avant d'avoir accompli ma tâche...

— Non, ma sœur! tu atteindras le but de tes nobles efforts...

— Tu vivras! répéta Musaraigne, qui

rentrait... Je viens de voir Geneviève, ajouta-t-elle, je viens de la voir pleurant... Pour qu'elle verse des larmes, cette louve, il faut que quelque chose de grave se passe dans la maison... Basile chantonne et se frotte les mains... Je ne sais pas, mais je crois qu'il faudra préparer un berceau dans l'auberge. Je crains qu'un pauvre être ne soit voué au malheur sans l'avoir mérité. Geneviève mère ! Basile avoir un enfant ! cela m'épouvante quand je me souviens des choses terribles indiquées par la main de l'orgueilleuse jeune femme.

IX

La présence de Madeleine exerça sur la malade une salutaire influence. La jeune fille reprit peu à peu ses forces; ses joues retrouvèrent leurs délicates couleurs. Elle se promenait dans les champs fleuris avec la sœur de Marcel. Souvent elles passèrent de longues journées dans la cavité du grand chêne, parlant des absents et pleurant sur eux. Douce eut une touchante idée. Elle songea que la maison du sabotier devait menacer ruine, et qu'il fallait la conserver en bon état, comme si chaque jour elle devait attendre le retour de ses maîtres. Madeleine embrassa Douce pour la remercier; elle réunit ses économies à celles de l'orpheline, manda les maçons, fit réparer la toiture, blanchir les murailles, renouveler la pierre de l'âtre. On donna plus de jour à la salle, et cette humble demeure, pavée de briques rouges, égayée et pleine de lumière, changea subitement d'aspect. Dans le jardin, envahi par les herbes folles, le jardinier dessina des carrés et des allées, planta des légumes, tailla les haies, ébrancha les arbres, écussonna les rosiers, fit des bordures de thym, de sarriette, et sema des fleurs en plates-bandes autour de la maison.

— Ils peuvent revenir, maintenant! dit Douce, quand cette transformation fut terminée.

Le lendemain les jeunes filles allèrent au cimetière.

La tombe du porte-balle ressemblait à une corbeille.

Comme elles rentraient, Claudette la lingère leur cria :

— Il y aura bientôt un baptême aux Ormes.

— Celui de l'enfant de Geneviève ? demanda Douce.

— Oui, répondit Claudette.

— Pauvre créature ! murmura l'orpheline.

— Ne le plaignez point, cet enfant sera le plus riche du village.

— L'argent ne suffit pas au bonheur, Claudette ; peut-être un jour vous apitoierez-vous sur lui autant que moi.

Madeleine et Douce rentrèrent chez Musaraigne, et Claudette prit le chemin du cabaret de Basile.

La lingère travaillait dans une petite pièce voisine de la grande salle, cette pièce dans laquelle l'aubergiste et Rufin avaient soupé ensemble. Claudette était une femme de trente ans, fraîche, accorte et bonne, qui portait son aiguille tantôt dans une maison, tantôt dans une autre... Veuve et pauvre, jamais elle ne se plaignait; son gain suffisait à ses modestes dépenses. La maison qu'elle habitait lui appartenait. Dans les fermes, on la nourrissait, et on lui donnait dix sous par jour. Avec cela, elle s'habillait et faisait cultiver son jardin. Elle réalisait même des économies pour les mauvais jours. La femme de Basile, sentant que Claudette ne lui était pas hostile comme la plupart de ses voisines, causait volontiers avec elle; si elle n'en faisait point sa confidente, elle ne se posait pas du moins en femme heureuse, et ne souriait pas malgré elle, comme elle était obligée de le faire devant les étrangers.

La fille de Chérau avait voulu échapper à sa ruine, et elle y avait pleinement réussi. Le cabaret prospérait. La fortune de Basile s'augmentait chaque jour, grâce à son trafic de bestiaux et à des prêts plus ou moins usuraires.

Mais Geneviève, sauvée du désastre qu l'effrayait tant jadis, n'en était plus à se demander si elle ne préférerait pas être servante chez les autres, que de commander dans sa maison. Elle comprenait enfin que la question d'argent n'est pas la seule qu'il faille débattre, quand il s'agit d'une union ; et que la fille pauvre acceptant pour mari un homme pauvre comme elle a plus de chances de bonheur que celle qui épouse un fiancé gonflé d'écus.

D'abord, elle s'était dit qu'il lui serait facile de vivre auprès de Basile sans trop souffrir de sa présence. Elle n'avait jamais sondé la passion insensée de ce malheureux pour elle. Dans ce vieillard infirme et avare, elle ne devina point l'époux ombrageux, le mari exigeant, le maître plein de défiance. La seule concession que Basile fit à sa femme fut de la laisser libre de dépenser pour sa toilette autant d'argent qu'elle le souhaiterait.

Mais Geneviève, déjà lasse de l'existence qui lui était faite, songeait moins à sa parure. La coquetterie disparaissait, étouffée par une sorte d'atonie. Une peine sourde grandissait au fond de l'âme de la jeune femme. Depuis son mariage, elle s'efforçait de trouver le dernier mot du caractère de Basile, et ce mot lui échappait. Chaque jour, soit en réglant un compte, soit en copiant son livre, elle s'apercevait que son mari multipliait les fraudes, les injustices. Dans chaque homme qui lui proposait un marché, elle flairait un ennemi.

Le mépris pour Basile lui vint progressivement; ses soupçons s'aggravèrent le soir où l'homme à l'emplâtre s'installa chez elle et parut y commander. L'attitude de Basile paraissait si gênée, si peu naturelle, il semblait redouter si fort cet hôte inattendu, que la jeune femme ne put s'empêcher de frémir en songeant au mystère de complicité qui devait les unir. La scène qui se passa le jour de la foire doubla ses secrètes alarmes. Elle avait peur de son mari, et à tout prix elle eût souhaité connaître le secret de sa vie; elle était sûre qu'il en cachait un terrible. Quand elle s'aperçut qu'elle allait devenir mère, elle se trouvait dans cette disposition d'esprit. Cette nouvelle la stupéfia au lieu de la réjouir. Elle ne sentit rien de cette émotion sainte, de cette joie bénie qui font tressaillir les jeunes épouses.

Elle se résigna à cet événement comme à un nouveau malheur. Quand elle songeait à son enfant, elle tremblait de tous ses membres. Le jour où elle se crut certaine de cette maternité, elle rencontra Musaraigne.

La vieille femme ricana en passant près d'elle.

— Allons! dit-elle, prépare la layette et le berceau, et le même jour mets un morceau d'étoffe noire sur les ruches...

— Qui donc sera en deuil, ce jour-là? ne put s'empêcher de demander la jeune femme.

— Les cloches carillonnent, reprit Musaraigne, répondant à sa pensée; c'est pour un baptême; les cloches tintent... c'est un glas... La scabieuse pour le veuvage, le cyprès pour le suicide... Heureusement l'enfant mourra, heureusement...

Geneviève se sentit tellement effrayée, qu'elle saisit la main de la pauvresse, et lui dit avec l'accent de la prière :

— Musaraigne, ne me jetez pas dans de semblables terreurs... Chaque fois que vous avez passé devant ma maison, vous m'avez prédit un malheur... Chaque fois que vous me rencontrez, vous m'annoncez un désastre... Je ne vous ai rien fait, jamais!... Pourquoi poursuivre de votre haine, non-seulement moi, mais l'innocent que je porte dans mon sein?

— Je ne vous menace pas, Geneviève; je vous montre le danger sans avoir la puissance de le prévenir... Le malheur est sur vous depuis le jour de la trahison... Je vous crie de prendre garde, comme le Seigneur Jésus criait : « Malheur! sur les murailles de la ville... Vous ne vous êtes point repentie, et votre âme demeure dans son endurcissement...

— Si vous me pardonniez... dit Geneviève frissonnante.

— Vous pardonner ! Et que vous pardonnerais-je ? Est-ce moi que vous avez reniée ? Est-ce de moi que vous avez détourné votre visage ? Ne m'implorez point, je n'ai pas de haine ; je ne puis ni vous sauver ni vous plaindre...

L'attitude de Musaraigne, l'accent austère de sa voix, convainquirent la femme de Basile de l'inutilité de ses tentatives.

Elle s'éloigna, emportant au fond d'elle-même, comme une blessure, cette parole de Musaraigne :

— L'enfant mourra !

Rentrée chez elle, elle s'enferma dans sa chambre et refusa de paraître au souper. Elle ne pouvait se résoudre à révéler à Basile une nouvelle qui devait le combler de joie.

Elle le fit plus tard, sans expansion, sans enthousiasme.

La félicité du cabaretier n'en fut pas moins fort vive.

Dès le lendemain, il courut à Vitré, y acheta des étoffes de toutes sortes, qu'il apporta à sa femme, On demanda des couturières, on doubla le personnel de la maison. Basile apprit son bonheur à tout le monde.

A mesure que le temps marchait Geneviève devenait plus sombre. Elle ne sortait plus, et passait de longues heures assise dans son jardin, regardant machinalement les ruches qu'elle devrait mettre en deuil le jour de la naissance de son enfant.

Un soir, à l'heure où Basile faisait sa caisse, un coup violent fut frappé à la porte de l'auberge.

Le cabaretier regarda l'horloge ; et voyant l'heure avancée, il n'alla pas ouvrir.

Celui qui heurtait mit de l'entêtement, et causa bientôt un tel vacarme que Geneviève descendit.

— Il faut que cela finisse, dit-elle : sachez ce que demande ce visiteur obstiné.

Basile se résigna et ouvrit le battant supérieur de la porte.

— Morbleu! dit une voix rude, vous y mettez le temps, l'ami!

— Que voulez-vous à cette heure?

— Une chambre, un souper, vite..

Et le voyageur ajouta plus bas :

— Les servantes dorment... ouvre, c'est moi.

Et comme Basile ne se pressait pas d'ouvrir, le voyageur enjamba la partie basse de la porte, et se trouva dans la salle.

— Geneviève ! cria Basile, va te recoucher !

Le cabaretier fut obligé de répéter cet ordre; la jeune femme, les yeux fixés sur le voyageur, dans lequel, malgré son déguisement nouveau, elle reconnaissait l'homme à l'emplâtre, semblait vouloir assister à la scène qui allait se passer.

Basile lui serra rudement le bras : Geneviève poussa un cri de douleur, et le cabaretier, se souvenant qu'elle avait besoin de grands ménagements, répéta plus doucement :

— Je suffirai à la besogne ; retire-toi.

Geneviève quitta la salle en murmurant :

— Oh ! cette fois, je saurai !

Quant elle eut disparu, Basile tira le verrou, et, venant se placer en face du voyageur :

— Encore toi, Rufin ! dit-il, après ce que j'ai fait, après ce que tu m'as promis...

— Ne commence pas par les reproches, j'aime les explications, elles arrangent toujours tout. J'ai voulu tenir ma parole, je suis parti pour le Havre. Mon intention était de m'embarquer, de faire peau neuve en Amérique, d'y gagner honnêtement ma vie, d'épouser comme toi une belle femme, et de ne jamais revenir en France.

— Qui t'a retenu ?

— Ah ! voilà ! quand je combinais mes plans, je ne connaissais pas la mer. Je te raconterai mieux cela tout à l'heure; j'ai faim... Tu as bien quelque poulet froid, du vin et du fromage, que diable !

Basile comprit qu'il ne gagnerait rien à refuser, et il plaça, de mauvaise grâce sur la table, un pain noir et du lard.

— Je continue... reprit Rufin en remplissant son verre. Je connais, tu le sais, le bois, la lande et la plaine... la mer m'épouvante. Je me dis qu'à peine le vaisseau serait-il au large, une tempête surviendrait... et que c'en serait fait de moi. Or, je veux bien mourir dans un fossé, mais je ne veux pas servir de pâture aux poissons... Le prix du passage était, en outre, fort élevé, une fois rendu en

Amérique, je me serais trouvé sans argent... Qu'y serais-je devenu?... Cela valait bien la peine de réfléchir... d'autant plus que ta générosité sonnait dans ma poche, représentée par bon nombre de louis et de pièces de cent sous...

— Destinés à ton passage.

— Je le sais bien ; j'éprouvais un vague remords... et puis je me rassurais en me disant : Ce bon Basile ne m'abandonnera jamais... je lui ai rendu un de ces services qu'on n'oublie pas... De temps en temps, qui sait s'il ne sera pas bien aise de revoir son vieux camarade ?... J'y mets de la discrétion, d'ailleurs... Que d'autres, à ma place!... Mais tu sauras tout reconnaître... J'ai tenté au Havre d'établir un petit commerce, il n'a pas réussi ; j'ai loué une baraque et quelques animaux féroces, mes bêtes se sont dévorées ; enfin je n'ai pas de chance, quoi !

— Cela signifie que tu n'as plus d'argent?

— J'ai honte de l'avouer.

— Et tu viens m'en demander ?

— A qui veux-tu que je m'adresse ?

— A qui ? à tout le monde ! au diable ! peu m'importe ! si tu me laisses la paix... Crois-tu que ma fortune suffise à l'entretien d'un garnement qui mange mille francs dans quatre mois... Je serais ruiné à la fin de l'année... Nous avions fait notre prix je suis quitte...

— C'est vrai, répondit Rufin, mais on réfléchit, on compare. Je trouve le marché mauvais pour moi, je reviens sur les conditions.

— De sorte que tu peux empoisonner toute ma vie ?

— Il vaut mieux, en effet, que tu embellisses la mienne...

— Misérable !

— Pas trop de gros mots, de l'argent, et je pars...

— Tu m'as dit cela il y a quatre mois, et te voilà !

— Après tout, j'use de mon droit... Tu as plus à perdre que moi dans cette affaire. Il me faut quinze cents francs...

— Quinze cents francs ! répéta Basile, j'aimerais mieux être pendu !

— Tu sais bien qu'on guillotine, à présent.

— Fais ce que tu voudras, je refuse...

— Je suis sans pain et sans asile, je me ferai nourrir par le gouvernement... Et comme ta société m'est agréable je tâcherai que tu viennes me rejoindre...

Les yeux de Basile étincelèrent d'une façon féroce. Il saisit un couteau sur la table, et le leva.

— Ces joujoux-là ne te connaissent pas! dit Rufin en le lui arrachant des mains... Encore une fois, donne-moi ce que je te demande, et je serai parti dans une heure... Je mets des formes dans ma façon d'agir... J'arrive le soir, je disparais avant le réveil des servantes; ta femme elle-même ne saurait concevoir de soupçon; mets autant de bonne volonté que moi... J'ai hâte de quitter les Ormes.

Rufin s'attendait à ce que Basile tentât de lui faire diminuer le chiffre de son emprunt, mais le cabaretier parut avoir pris son parti, il alluma une lanterne et descendit à la cave. Un quart d'heure après, il remontait avec un sac d'écus dans les bras.

— Compte ! dit-il.

Rufin vida le sac sur la table.

— Ce sera lourd à emporter, dit-il; j'aurais mieux aimé de l'or.

— Bah ! si ta première étape n'est pas éloignée...

— Ma première étape sera Vitré.

— De quel côté te diriges-tu ensuite?

— Je l'ignore; mais je comprends que le séjour de la Bretagne me serait mauvais pour quelque temps, et j'ai bien envie de descendre vers le Midi. On assure que la contrebande est un métier très-lucratif.

— Je te souhaite bonne chance, dit le cabaretier en se levant.

Rufin divisa ses écus en deux parts et les mit dans chacune de ses poches.

Basile le regardait faire, le sourcil froncé, la main crispée sur la table.

Quand il vit son complice prêt à partir, il se dirigea vers une armoire, en tira une bouteille d'eau-de-vie et remplit deux verres.

— Trinquons! dit-il, c'est de la bonne.

Rufin avala une petite gorgée, et fit claquer sa langue en connaisseur.

— Excellente! dit-il, vraiment excellente! elle me réchauffe le cœur... Et puis, le procédé est d'un ami... J'ai cru un moment que mes visites te déplaisaient... au besoin, je l'aurais compris... Il est peut-être ennuyeux qu'un autre, même un camarade, vienne vous dire de temps en temps : Partageons ce que tu as! Remplis mon verre, Basile, et que l'existence te soit douce! Je vois tout couleur de rose, maintenant... Ton cognac est le meilleur que j'ai bu de ma vie... Adieu, Basile, adieu, mon ami...

Rufin se leva ; sa langue s'épaississait et ses jambes tremblaient légèrement.

Le cabaretier se mit à rire.

— Eh ! mais il me semble que tu festonnes ce soir ! L'air va te remettre, et comme le temps est beau, si tu veux mon bras...

— C'est cela ! Un bout de conduite... Je te demande pardon de t'avoir méconnu, Basile... Tiens ! la lune est superbe, ce soir ! Elle nous regarde... Elle nous regardait aussi, le soir où...

Rufin n'acheva pas ; Basile lui serrait la main à la broyer.

— Sortons ! dit-il.

L'ivrogne descendit le premier.

Il ne gardait plus une perception assez nette de ce qui se passait autour de lui, pour distinguer une ombre ramassée sur elle-même à l'abri du bouquet de sureau ;

cette ombre disparut sous le couvert du bois.

A deux ans de distance, par une nuit semblable, Claude et Louis le porte-balle cheminaient sur la route argentée par la clarté de la lune... et, guidé par la pensée du crime, Basile les suivait, comme Musaraigne épiait à son tour les deux promeneurs.

Rufin, grisé par l'eau-de-vie, devenait loquace. Dans sa reconnaissance attendrie pour ce qu'il appelait le bon procédé de son ami, il lui dévoilait les replis secrets de son âme, s'accusant de l'avoir mal compris et d'avoir formé le projet de se servir de lui à perpétuité pour se constituer des revenus. Il regrettait cette pensée coupable... Il jurait à Basile de ne revenir jamais.

— Je te ferais guillotiner, si je voulais..., mais ce serait d'un traître... et tu agis si bien avec moi..., des sacs d'écus, le coup de l'étrier...Va! va! tu n'as rien à craindre, maintenant, Basile!

— On ne craint rien des morts! dit l'aubergiste d'une voix rauque.

Par un brusque mouvement, il renversa son compagnon, que l'ivresse privait d'une partie de ses moyens de défense, puis à deux reprises il lui enfonça son couteau dans le sein.

— Misérable! A l'assassin! à l'aide! hurlait Rufin.

— Appelle à ton secours la Vierge du Chêne! dit Basile avec ironie, elle ne manquera pas de descendre.

— A la même place! à la même place! répéta Rufin avec une double angoisse.

Il tenta un suprême effort pour défendre l'argent que Basile reprenait dans ses poches, mais il n'y put réussir, poussa un sourd blasphème et retomba.

Il ne bougeait plus...

Basile s'enfuit sans regarder en arrière, et une demi-heure après il s'enfermait à double tour dans le cabaret des Ormes.

Rufin, dangereusement blessé, reprit cependant connaissance.

La lune brillait toujours épanouie dans le ciel. Il voulut faire un mouvement, la douleur lui arracha un cri... Il promena autour de lui un regard désespéré... Tout à coup, ce regard, déjà voilé par l'approche du trépas, prit une fixité effrayante... Il ne quittait plus le Chêne à l'Image.

Ce qui se passait était bien fait pour augmenter l'effroi du moribond.

De la niche de la Madone descendait une forme svelte, aérienne, qui bientôt glissa sur l'herbe du pré et s'approcha du mourant.

— Le témoin du meurtre! balbutia le misérable.

Il se crut déjà jugé, condamné par ce témoin incorruptible que le porte-balle avait adjuré à cette même place; et, d'une voix qui râlait, il répéta : Grâce! grâce!

La vision s'approchait toujours.

D'épouvante, le blessé ferma les yeux.

— Grâce! grâce!

— Louis aussi demanda pitié! murmura un accent léger comme un souffle.

— Je me repens! je me repens!

— Ce n'est pas tout! il faut expier.

— Mais je meurs...

— Et si on te faisait revivre?

— Sauvez-moi... j'expierai!... Le sang m'étouffe...

— Je te sauverai pour quelque temps, du moins.

— Le temps de me venger de Basile... je veux qu'il meure sur l'échafaud!... Moi, ça m'est égal... je veux bien qu'on me guillotine, je ne l'aurai pas volé... S'il partage ma peine, je serai content. Grâce et pitié! Sauvez-moi!...

Une seconde fois, Rufin perdit le sentiment de l'existence. Quand il retrouva la mémoire d'une partie des événements qui s'étaient passés, il était grand jour.

Étendu sur un lit, la poitrine couverte de compresses, il voyait vaguement aller et venir, dans la chambre qu'il occupait, une femme enveloppée de vêtements noirs, et dont un grand capuchon couvrait le visage.

— Où suis-je? demanda-t-il.

— En sûreté, et vous resterez ici jusqu'à parfaite guérison... Alors, vous tiendrez la promesse faite à la Vierge au Chêne.

— Je raconterai tout à la justice!

Comme Musaraigne l'avait promis, Rufin put quitter son lit au bout d'une quinzaine de jours. Mais il se trouvait encore si faible, que sa gardienne jugea prudent d'attendre quelque temps encore... Ce que l'on demandait de Rufin exigeait autant de force physique que de liberté d'esprit.

Enfin, la convalescence s'accentua, la guérison vint, et un matin Musaraigne dit à Rufin :

— Soyez prêt dans deux jours à paraître devant les magistrats.

— Je suis prêt, répondit Rufin.

Musaraigne, montée sur Bricolle, partit pour Vitré. Le lendemain elle revint aux Ormes. Une voiture la suivait à quelque distance. Quatre hommes vêtus de noir entrèrent dans la cabane, et demeurèrent pendant une heure enfermés avec Rufin.

Les cloches sonnaient gaiement dans le clocher de la petite église des Ormes. Le cimetière était plein d'une foule animée, parée. De temps en temps, les curieux se penchaient au-dessus du mur d'appui et interrogeaient la route. Un groupe de mendiants se tenait sous le porche, tandis qu'une bande d'enfants gardait la porte de la sacristie à l'intérieur de l'église. L'autel de la Vierge étincelait de la lumière des cierges. Les fonts baptismaux, garnis de bouquets, embaumaient comme une corbeille. Le sacristain allait et venait d'un air important. Les femmes s'inquiétaient des détails de la toilette de la marraine, car il s'agissait d'un baptême, et c'était l'enfant de Basile que l'on allait apporter à l'église.

Geneviève avait voulu attendre son complet rétablissement pour présider à cette cérémonie. Le père Chérau devait être parrain. Deux joueurs de hautbois et un violoneux avaient été requis pour la circonstance. On devait servir le dîner sous la grande treille du jardin. Jamais si grand gala n'avait été donné aux Ormes, depuis celui qui marqua les noces du dernier seigneur avec l'héritière de Vuitry. L'ironie mordait de temps à autre le cabaretier et sa famille. On citait l'avarice de Basile, l'orgueil de sa femme, la dureté du père Chérau. Mais comme le succès a toujours des flatteurs, bien des gens du village se taisaient sur le compte du cabaretier, en songeant qu'un jour ils auraient peut-être besoin de ses services.

Enfin, les enfants battirent des mains, en s'écriant qu'ils apercevaient le cortége. Les airs des ménétriers s'entendirent et on les vit bientôt déboucher du chemin creux, le bouquet au côté, les rubans au chapeau. A quelque distance venait Geneviève, s'appuyant sur le bras de Basile. La femme de Rabot portait l'enfant, sous un voile de tulle brodé. Chérau, la nourrice et quelques voisines suivaient. Quand Basile se trouva près de la porte, il prit un petit sac de toile, et en jeta le contenu en l'air, pendant que les enfants se roulaient à terre pour se disputer la monnaie. Le sacristain, le sonneur de cloches et les enfants de chœur attendaient anxieux sur la valeur de leur aubaine. La cérémonie s'accomplit. La générosité du cabaretier dépassa toutes les espérances.

Le temps était splendide.

Pour la première fois depuis son mariage, Geneviève souriait.

En dépit de l'indifférence qu'elle avait ressentie en apprenant qu'elle allait être mère, cette grande et sainte commotion qui change complétement la vie d'une femme la bouleversa. Elle, qui redoutait d'abord qu'un lien plus sérieux l'attachât à Basile, s'applaudit au contraire de trouver entre elle et lui cet enfant, chaîne vivante !

Sa froideur fondit ; son égoïsme tomba. Elle crut toute sa vie renouvelée. Basile lui parut moins mauvais ; elle se promit de travailler à le rendre heureux, afin que le petit Eloi grandît dans une atmosphère sereine.

Le cabaretier comprit une partie de ce qui se passait dans l'âme de sa femme. Il rayonnait. Allant de Geneviève, un peu pâle, à la nourrice plantureuse qui berçait l'enfant, il riait d'un rire épanoui. Une fois cependant, il s'arrêta brusquement au milieu d'une phrase commencée.

Le souvenir de Rufin lui traversait la mémoire...

Qu'était-il devenu ? S'était-il traîné dans quelque fossé pour y mourir ?...

Un mois s'était passé depuis cette nuit de meurtre, et Basile, n'ayant entendu parler ni d'assassinat, ni de cadavre, se croyait tranquille. Son impression de crainte dura donc peu, et quand l'heure du festin fut venue, il s'assit sous le tonnelle entre sa femme et Jeanne Rabot.

Le père Chérau, Martin et quelques amis prirent place.

Marcotte et Marion se multipliaient pour le service.

Basile découpait les volailles, Rabot versait à boire. Geneviève souriait à l'enfant, qu'elle berçait.

La gaieté la plus vive animait les invités de l'aubergiste.

Rabot, à la demande générale, entonna une chanson populaire :

> Quand Margoton va-t-au moulin.
> Ne prend son bel âne Martin ;
> Ne prend son sac, son âne...

Il achevait le couplet, quand Loisel, un jeune gars chargé de surveiller les buveurs, accourut effaré.

— La salle est pleine d'étrangers, dit-il ; des messieurs... quatre ! et puis, Musaraigne... deux femmes... et de la foule...

— Eh bien ! sers, Loisel, sers tout le monde, mon garçon.

— Mais on vous demande not' bourgeois.

— Et tu ne sais où donner de la tête... Ma femme, ajouta-t-il, des voyageurs arrivent... il me reste heureusement une volaille... je vais aller à cause du vin...

Le cabaretier quitta la tonnelle.

Quand il entra dans la salle, quatre hommes vêtus de noir étaient assis près d'une table, et trois femmes enveloppées de mantes regardaient à travers la croisée, semblant observer ce qui se passait sur la route. A cheval sur un banc, dans une attitude indifférente, se tenaient deux gendarmes.

Basile, quoiqu'il ne comprît point la gravité de ce qui allait se passer, demeura cependant un moment interdit.

— Que désirent ces messieurs ? demanda-t-il.

Les gendarmes changèrent subitement de place, et se trouvèrent de chaque côté du cabaretier.

Un des hommes vêtus de noir leva la tête, et Basile reconnut le juge d'instruction, venu aux Ormes deux années auparavant pour l'affaire du Chêne à l'Image.

— Nous souhaitons de vous quelques explications sur une cause anciennement jugée... dit le magistrat. A l'époque du procès, nous ne crûmes pas utile de vous interroger, mais aujourd'hui la justice est sur les traces d'un homme accusé de plusieurs crimes, et quelques confidences faites par lui à un camarade nous laisseraient supposer qu'il ne fut pas étranger à l'assassinat de Louis le porte-balle.

— Louis le porte-balle, répondit Basile, je ne le comptais pas parmi mes amis, à peine parmi mes pratiques.

— Nous savons cela, aussi ne voulons-nous pas vous questionner sur Louis, mais bien sur son assassin ou du moins le complice de son assassin...

— Trézek..., balbutia Basile.

— Claude et Marcel Trézek sont au bagne, répliqua d'une voix grave le juge d'instruction, et peut-être aurons-nous à regretter la promptitude de l'accusation portée contre eux... Savez-vous, continua le magistrat, ce qu'est devenu un certain Rufin qui fréquentait autrefois votre auberge?

— Non, répondit Basile avec assez d'assurance. C'était un homme capricieux, habitant tantôt le village, tantôt partant pour de longs voyages. On m'a dit qu'il se mêlait souvent à des bandes de moissonneurs nomades ou aux faneurs dans le temps des récoltes.

— Il payait assez mal ses fournisseurs, vous surtout...

— Je lui faisais crédit... Vous savez, messieurs, le marchand est exposé... Peut-

être n'a-t-il pas réglé sa dernière note...
En ce cas, je fais ma croix dessus...

Basile était pâle; mais il conservait son aplomb; ses yeux seuls trahissaient une vive angoisse. Il commençait à s'inquiéter de cet interrogatoire. Si Rufin avait été arrêté, comme cela devenait probable, il pouvait avoir parlé... Il ne manquerait pas d'accuser Basile, d'abord de l'avoir blessé dangereusement, ensuite de l'avoir poussé à l'assassinat du porte-balle.

— Je lutterai jusqu'au bout... se dit-il.

Les acteurs de cette scène étaient assez préoccupés de la gravité de la situation pour ne point remarquer que la petite porte donnant sur le jardin s'ouvrait sans bruit. Geneviève, inquiète de la longue absence de son mari, venait le chercher. Un mot qu'elle entendit prononcer l'arrêta brusquement au moment où elle allait l'appeler. Elle s'appuya contre le mur et écouta :

— Il y a environ dix-huit mois, reprit

le magistrat, vous épousâtes Geneviève Chérau ; cette jeune fille, jadis fiancée de Marcel Trézek, était, de votre part, depuis longtemps, l'objet d'une passion ardente...

— Je n'espérais guère l'obtenir pour femme, sachant que Trézek en était amoureux : la ruine de Chérau me fit agréer.

— Vous n'aviez point d'espérance, soit ! mais vous gardiez assez de ténacité et de volonté pour croire au succès si vous restiez seul prétendant à la main de Geneviève... Or, Marcel vous gênait... Ce jeune et laborieux garçon, qui méritait à plus d'un titre la préférence de l'héritière des Aubiers, vous portait ombrage. Vous en étiez jaloux... La jalousie est une terrible passion ; elle ne recule devant aucun moyen...

— Mon Dieu ! mon Dieu ! murmura Geneviève en s'appuyant contre un dressoir, j'ai peur de comprendre...

— Monsieur le juge d'instruction, reprit Basile, quel rapport existe-t-il entre mon mariage et la moralité de ce... Rufin?

— Vous ne le devinez pas encore?

— Non, monsieur.

— Le voici : lors du procès qui se termina par la condamnation des Trézek, la justice chercha à qui pouvait profiter le meurtre de Louis... Au point de vue de l'argent, les Trézek seuls y trouvaient un avantage...Marcel avait besoin d'une grosse dot... Louis était relativement riche... Le père et le fils avaient donc pu, dans un but cupide, assassiner le porte-balle...

Mais à ce moment, continua le juge d'instruction, la justice ignorait que Marcel eût un rival... Or, voyez comme les faits s'enchaînent, pendant la nuit du meurtre... Rufin, qui habitait les Ormes depuis deux mois, disparaît tout à coup... Ce qu'il devient, on l'ignore... On le retrouve dans une petite ville de Bretagne, se livrant à des dépenses au-dessus de ses moyens... Il se mêle plus tard à des bohémiens; de complicité avec eux, il pille et brûle la ferme de Laloue... Poursuivi par les gendarmes, il leur échappe à l'aide de multiples déguisements... L'audace lui revient, au point qu'il fait deux voyages aux Ormes, à quatre mois de distance...

— Ah ! balbutia Basile, lui aux Ormes !

— En mendiant d'abord, en charlatan ensuite. Un soir, il vint chez vous, il vous quitta vers dix heures, suivit la route de Vitré, et tomba à la place même où Louis avait été frappé, atteint en pleine poitrine de deux coups de couteau.

— Je ne sais pas, s'écria Basile, je ne sais pas !

Un des magistrats fit un signe ; le gendarme qui était près de la porte descendit le perron, et revint amenant un homme qui était assis au dehors sur le banc de pierre.

Geneviève poussa un cri étouffé ; elle venait de reconnaître le voyageur d'aspect sinistre.

Rufin tira un couteau de sa poche, et le montrant au cabaretier :

— Voici l'arme ! dit-il.

Il ouvrit sa chemise de toile bise et ajouta :

— Voici la cicatrice des blessures.

— Et tu m'accuses ! toi ? s'écria Basile.

— Il n'accuse pas seul ! ajouta le juge.

— Qui donc ose le faire ? qui donc témoigne contre Basile ? demanda l'aubergiste d'une voix altérée.

Le trois femmes qui, jusqu'alors, étaient restées le front appuyé contre les carreaux se retournèrent.

— Moi, dit une d'elles en abaissant le capuchon de sa mante, moi, Madeleine Trézek, dont le père et le frère sont au bagne !

— Moi, ajouta la seconde, en découvrant le pâle visage de Douce, moi la fille de Louis le porte-balle !

— Moi; dit enfin la dernière, moi qui entendis ton dernier entretien avec Rufin, et te vis le frapper en face du Chêne à l'Image... Moi, Musaraigne, fidèle à ses amitiés comme à ses haines !

— Tous ! oui, tous ! s'écria Rufin avec une joie féroce, je ne monterai pas seul sur l'échafaud ; tu m'as payé pour assassiner Louis, tu solderas cette dette de ta tête.

Un cri de désespoir retentit dans la salle; Geneviève venait de tomber de toute sa hauteur sur le carreau.

Douce et Madeleine se précipitèrent vers elle.

Basile bondit du côté de Rufin et le saisit à la gorge ; mais les gendarmes le firent lâcher prise et lui mirent les menottes.

En ce moment, les invités du baptême, ennuyés de ne voir reparaître ni le cabaretier ni sa femme, pénétraient dans la salle. L'appareil de la justice les terrifia.

Geneviève revenait à elle.

— Mon enfant ! dit-elle avec des sanglots, mon pauvre enfant !

Soutenue par Douce et par Madeleine, elle regagna sa chambre et s'assit sur son lit ; puis elle fit signe qu'elle souhaitait rester seule.

Et quand les deux femmes compatissantes l'eurent quittée, elle s'abîma dans un morne désespoir.

Quoi ! elle avait lâchement renié le malheureux Marcel ; elle avait détourné ses yeux et son cœur de ce jeune homme honnête et bon, et, sans que rien l'avertît de sa méprise, de son imprudence, elle avait mis sa main dans celle du meurtrier...

Depuis dix-huit mois elle vivait à côté de cet homme ; elle venait de mettre au monde un enfant qui portait son nom, et cet enfant allait être orphelin de par la loi !

Elle, la fière Geneviève, serait la veuve d'un condamné à mort... On dirait, en parlant d'Eloi : « Le fils de Basile l'assassin ! » Elle se verrait chassée de tous les seuils, honnie, méprisée, et chacun applaudirait au châtiment de son orgueil...

Son cœur battait, avec une violence terrible, ses dents claquaient, la sueur coulait de son front; elle cherchait une solution à cette situation. Elle s'interrogeait, se demandait ce qu'elle pouvait faire. Et puis, elle se sentait si lasse, si brisée, qu'il lui semblait que jamais elle n'aurait la force de quitter cette place et d'abandonner cette chambre. Elle tenta de se lever pourtant. Elle voulait fuir cette maison, aller loin devant elle en emportant l'enfant... Si elle ne ne trouvait pas de pain pour elle et pour lui, elle garderait le dernier des courages, celui de mourir.

Mais il lui fut impossible de quitter le lit sur lequel elle était tombée; une fièvre terrible venait de se déclarer. Pendant plus d'un mois, elle resta entre la vie et la mort, soignée par Musaraigne, la seule femme du village qui pût vaincre sa résistance et sa répulsion.

XI

Pour la seconde fois, les acteurs de ce drame devaient se trouver en présence à la cour d'assises. Jamais l'opinion publique ne s'était aussi violemment émue qu'à cette occasion. Le souvenir des Trézek, celui de l'angélique fille du porte-balle remuaient vivement le monde judiciaire. Il ne s'agissait pas seulement d'une condamnation ordinaire, mais du châtiment de deux misérables de la pire espèce, et de la réhabilitation de deux innocents. On se passionnait pour les victimes de l'erreur ; on réclamait à l'avance la peine capitale contre Basile et contre Rufin. La femme du cabaretier, que l'on avait vue si méprisante et si fière, lors du premier procès, ne ralliait aucune sympathie. On ne daignait même pas la plaindre. L'orgueil l'ayant perdue, elle allait être châtiée dans son orgueil, c'était justice.

Bien que, cette fois, M. Leguével n'eût pas mission de parler pour les Trézek, il voulut prendre place au banc de la défense.

Depuis huit jours, Madeleine, Musaraigne et Douce habitaient à Rennes dans la maison du jeune avocat.

Le jour des assises, la salle regorgeait d'une foule avide.

Quand Rufin et Basile entrèrent, une clameur d'indignation s'éleva, et l'huissier eut peine à rétablir le silence.

Les deux accusés gardèrent une contenance bien indifférente. Basile, pâle, abattu, chancelant, avait peine à se soutenir; Rufin regardait hardiment la foule, et un éclair de rage jaillissait de ses yeux, quand il contemplait son complice.

Le lendemain, les Trézek prenaient à leur tour, la route du village.

Madeleine conduisit son père à la petite maison ; le sabotier ne la reconnaissait plus, tant Douce l'avait embellie. Le premier mouvement de Claude, en franchissant le seuil de cette demeure, fut d'étreindre ses deux enfants sur sa poitrine. Il rentrait à la fois dans toutes ses félicités perdues. Et cependant quelque chose encore manquait à sa joie, puisque ses yeux se tournèrent vers la porte, comme s'il attendait quelqu'un.

Dans la journée, Marcel et Claude sortirent.

Marcel ne demanda point à son père où il le conduisait ; leurs cœurs s'entendaient. Ils passèrent devant l'auberge de Basile. Une foule énorme s'amassait devant la porte de l'auberge. Au milieu des conversations s'élevaient des huées et des insultes. Les noms de Basile et de Geneviève retentissaient, prononcés par des voix menaçantes. On venait d'apprendre le verdict du jury ; les paysans vengeaient les Trézek, condamnés autrefois pour le crime du cabaretier.

Après avoir injurié Geneviève, on la menaça. Une pierre brisa un carreau de la fenêtre de sa chambre... une autre suivit... chacun s'arma à son tour, et la lapidation de la maison maudite commença... Geneviève à peine guérie, assise sur son lit, hébétée de douleur, ne parut d'abord pas comprendre le danger qu'elle courait ; mais une pierre atteignit son enfant au front, le sang coula... Geneviève sentit la folie envahir sa tête... Elle courut à la fenêtre, l'ouvrit toute grande, et montrant à la foule la petite créature saignante et demi-morte :

— Vous êtes des lâches! cria-t-elle, oui des lâches !

Elle disparut de la croisée, mit l'enfant dans son berceau, descendit l'escalier, traversa la cour, monta sur la margelle du puits, et se précipita...

La cour n'était séparée du chemin que par une haie, la foule fit entendre un cri d'horreur.

Ce fut en ce moment que les Trézek parurent.

— Elle s'est tuée !

— Des cordes ! descendons dans le puits !

— On a été trop loin aussi dans la vengeance !

— Au secours ! au secours !

Ces appels, ces cris se confondent. Marcel comprend ce qui vient de se passer, fend la foule, roule autour de son corps la corde que maintient une lourde pièce de bois, et descend rapidement au fond du puits. D'une main il soulève Geneviève; de l'autre il se maintient au câble, plaçant ses pieds dans les interstices du puits et s'arc-boutant pour ne pas glisser le long de cette corde sans nœuds; enfin il reparaît et dépose à terre son fardeau.

— Allons ! une femme de cœur pour soigner cette mourante... dit Trézek.

Claudette s'avança.

— Frictionnez-la, dit Marcel, enveloppez-la de couvertures chaudes : Marcotte ira chercher le médecin.

On porta Geneviève sur son lit. Au bout d'un quart d'heure elle r'ouvrit les yeux, et ses regards se fixèrent sur Marcel.

— C'est le dernier coup, dit-elle, le dernier...

Elle referma les paupières.

Marcel s'approcha de son lit.

— Pardon et pitié ! murmura-t-elle.

Marcel ne répondit rien ; il rejoignit son père.

Le vieillard serra en silence la main de son fils.

Un moment après, ils entraient dans le cimetière.

Lentement ils s'avançaient, cherchant une tombe ; ils en aperçurent une plus fleurie que les autres et se la désignèrent. En approchant davantage, ils virent repliée sur elle-même, et presque couchée dans les hautes herbes, une femme vêtue de deuil. De longs sanglots secouaient son corps; elle s'abîmait dans une immense douleur...

Claude et Marcel, agenouillés sur la tombe de Louis le porte-balle, n'osaient adresser la parole à Douce, cette vaillante fille qu'ils trouvaient en ce moment brisée et vaincue...

Marcel étreignit nerveusement la main de Claude.

La détresse de Douce le gagnait à son tour. Il se sentait le cœur gonflé de cette tristesse et de cette désolation. Qu'allait-il faire maintenant dans la vie, si la seule tendresse sur laquelle il pût compter avec celle de son père venait à lui manquer? Oh! combien était loin alors l'amour ressenti jadis pour Geneviève. Que l'image de Douce laissait désormais dans l'ombre cette beauté si fière autrefois, et aujourd'hui si profondément flétrie, humiliée! Marcel venait de la voir, cette femme pour laquelle deux années auparavant il aurait donné sa vie; il venait de la sauver du suicide... Mais rien du passé ne s'était éveillé en lui. Geneviève était une morte ensevelie dans ses malheurs et dans ses fautes. Il avait cédé à un mouvement spontané en l'arrachant à la mort; son cœur avait battu à l'idée du danger couru par une créature humaine; mais il se fût dévoué aussi vite pour une autre. Oui, la femme de Basile était bien morte, et Marcel savait que jamais elle ne ressusciterait pour lui.

Pendant les longs mois passés au bagne, pendant les heures de travail et pendant les heures de repos, une image s'était obstinément placée devant les yeux du jeune homme. Pâle et triste, elle le regardait; quelquefois ses lèvres s'ouvraient et laissaient passer le mot : courage! Cette apparition chaste le charmait. Il l'évoquait, la priait; peu à peu elle devint la compagne inséparable de sa vie. Quand les lettres de Madeleine apportaient à Marcel un peu d'espoir, il savait que ce rayon consolateur venait de Douce. Quand la liberté lui fut rendue, il comprit qu'il la devait à elle seule. Et il l'aima comme l'ange gardien de sa vie, il l'aima jusqu'à se dire qu'il n'existerait plus de joie pour lui, s'il ne la partageait avec elle.

Mais Douce disparut quand sa mission fut remplie, redoutant ou dédaignant l'expression de sa reconnaissance.

Et quand il la retrouvait, c'était brisée de douleur, et sanglotant à en mourir.

Enfin l'angoisse de Douce s'apaisa; elle se souleva lentement, gardant encore les mains sur son visage.

— Adieu, père, dit-elle, adieu pour jamais! j'ai terminé ma tâche en ce monde, le cloître attend ton orpheline...

Ses lèvres se collèrent sur la croix noire; elle était debout, prête au départ.

Quand elle se retourna pour prendre la route du village, tremblante, les yeux encore aveuglés de larmes, Douce ne reconnut d'abord pas les deux hommes qui priaient auprès d'elle.

Mais Claude Trézek lui prit la main, et lui dit d'une voix navrée :

— Douce, ne me permettrez-vous pas de remplacer votre père?

Et Marcel ajouta :

— Douce, ne voyez-vous pas que je vous aime?

— Dieu sait, répondit la jeune fille, que je ne vous attendais point ici... Ne vous abusez point, Marcel; n'essayez pas de vous tromper..., ce que vous appelez de l'amour est seulement de la reconnaissance...

— Non! dit le fils de Trézek d'une voix vibrante et avec une belle flamme de jeunesse dans les yeux, crois-en mon cœur, qui bat d'angoisse et de crainte... Crois-en ma voix, qui se brise et mes yeux, qui se voilent... Douce, chère Douce, je t'aime du fond de mon âme comme tu me chéris toi-même...

Douce ne céda pas encore.

— Ne croyez point, Marcel, que j'aie pour vous le sentiment dont vous parlez... Une grande pitié pour votre infortune, l'ardent désir de venger mon père...

— Douce, dit Claude, mentir sur cette tombe est un blasphème!

Marcel reprit suppliant :

— Tu vas me forcer de maudire ton dévouement et ta vertu. T'ai-je demandé la liberté, la réhabilitation? T'ai-je priée de me sauver? Est-ce me sauver que de m'arracher au bagne pour me jeter dans le désespoir? Est-ce que je tiens à la vie sans toi?... Devant mon père, je t'adjure de répéter sur ton salut ce que tu viens de dire, et de prendre Louis en témoignage que tu ne m'as jamais aimé!

— Ne jure pas, ma fille! dit gravement

Musaraigne en plaçant la main de Douce dans celle de Marcel.

Douce se jeta dans les bras de Claude Trézek.

. . . .

Un mois plus tard, on emportait du cabaret de Basile deux cercueils de grandeur inégale.

Sur le drap mortuaire de la plus grande des châsses était fixé un bouquet bizarre, composé d'épine noire, de soucis, de scabieuses et de cyprès.

La prophétie de Musaraigne venait de s'accomplir.

Paris. — Imprimerie Saint-Michel. — Apprentis de Saint-Nicolas. — 92, rue de Vaugirard

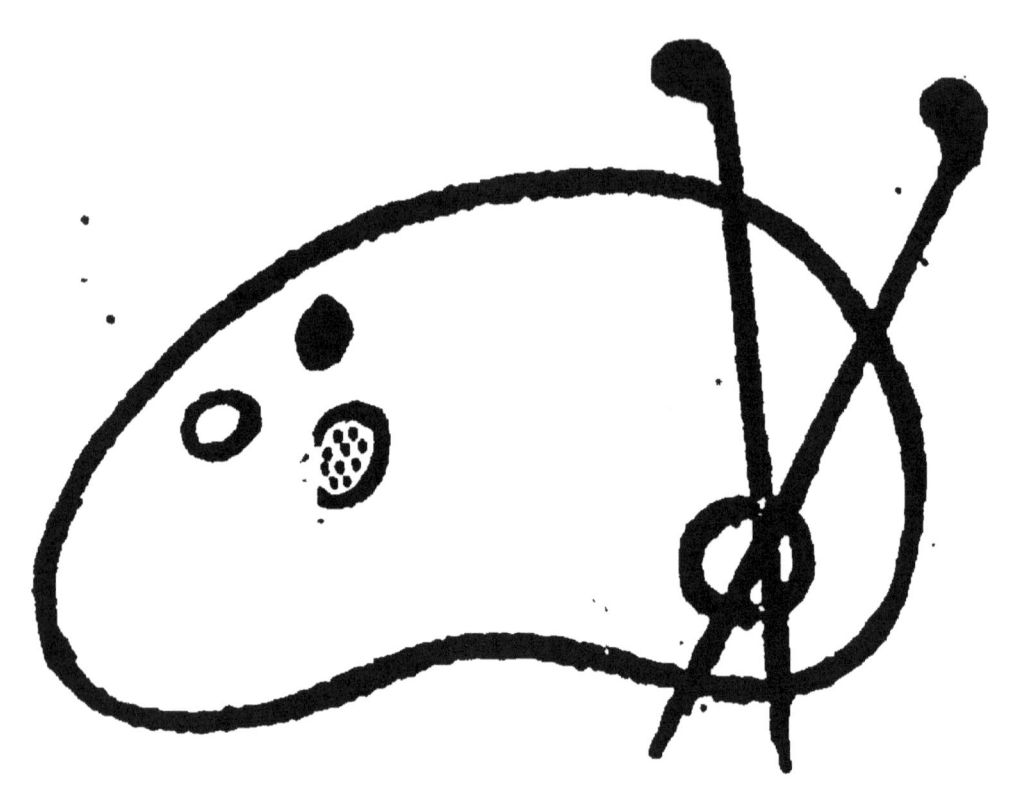

Original en couleur

NF Z 43-120-8

www.ingramcontent.com/pod-product-compliance
Lightning Source LLC
Chambersburg PA
CBHW071140160426
43196CB00011B/1957